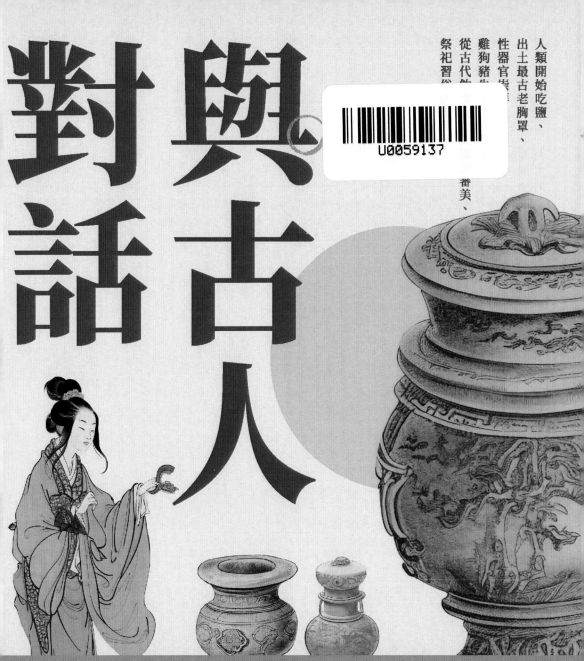

與古人對話

人類開始吃鹽、
出土最古老胸罩、
性器官崇...
雞狗豬牛...
從古代能...
祭祀習俗...
...番美、

黃大路 著

古人熱衷於拔牙這件事？八千多年前就有人在鑲金牙！
文獻著述中少見對女性乳房的描寫，那古代的胸罩長什麼樣？
民間嫁娶會使用各種大紅色，東方人為何對紅色情有獨鍾？

大量出土的考古文物、不知名大人物的墓葬棺材……誰說死人不會說話？
古人透過文物可以告訴你超多事！

目錄

■ 序 ·· 007

■ 耳飾比耳朵大，要的就是這種氣勢 ········· 011

■ 鼻子，人類進化過程中的標準器官 ········· 022

■ 八千多年前的牙齒美容 ····························· 031

■ 獵頭，早在上古時期就有的「職業」 ····· 037

■ 臀的「親密夥伴」 ····································· 048

■ 古人怎樣上廁所？ ····································· 059

■ 一千八百年前的胸罩 ································· 065

■ 古人為什麼對「且」感興趣？ ················· 072

■ 「鹽」才是最有味的調味料 ····················· 082

■ 「中華特色」──行酒令 ························· 087

■ 饕餮怎麼就變成「盛宴」了？ ················· 093

■ 祖神性別知多少？ ····································· 100

目錄

■ 古代戰車之祕 ⋯⋯⋯⋯⋯⋯⋯⋯⋯⋯⋯⋯⋯⋯ 110

■ 謎一樣的瓦當，謎一般的九原 ⋯⋯⋯⋯⋯⋯⋯ 121

■ 規矩與方圓 ⋯⋯⋯⋯⋯⋯⋯⋯⋯⋯⋯⋯⋯⋯⋯ 131

■ 「姓」和「氏」不是一回事 ⋯⋯⋯⋯⋯⋯⋯⋯ 144

■ 為什麼喜歡紅？ ⋯⋯⋯⋯⋯⋯⋯⋯⋯⋯⋯⋯⋯ 150

■ 古代人為什麼要敬月亮？ ⋯⋯⋯⋯⋯⋯⋯⋯⋯ 156

■ 中華民族為什麼自稱「炎黃子孫」？ ⋯⋯⋯⋯ 166

■ 門神防的是誰？ ⋯⋯⋯⋯⋯⋯⋯⋯⋯⋯⋯⋯⋯ 174

■ 商人怎麼就變得厲害了？ ⋯⋯⋯⋯⋯⋯⋯⋯⋯ 180

■ 鍾馗怎麼變成抓鬼的鬼了？ ⋯⋯⋯⋯⋯⋯⋯⋯ 186

■ 盤古是一個什麼樣的神？ ⋯⋯⋯⋯⋯⋯⋯⋯⋯ 195

■ 巫是人還是神？ ⋯⋯⋯⋯⋯⋯⋯⋯⋯⋯⋯⋯⋯ 205

■ 古人爭天下為什麼在意誰殺死鹿？ ⋯⋯⋯⋯⋯ 213

■ 為什麼離不開雞？ ⋯⋯⋯⋯⋯⋯⋯⋯⋯⋯⋯⋯ 222

■ 龍也有性別之分 ………………………………… 234

■ 狗，忠誠卻命不好 ……………………………… 241

■ 豬，神壇上的主角 ……………………………… 249

■ 鳳真的不一定是「女的」 …………………… 260

■ 至尊「牛」 ……………………………………… 268

■ 鬼長什麼樣？ …………………………………… 278

■ 後記 ……………………………………………… 283

序

　　本書書名定為《與古人對話》，而要為「對話」作序，我頓生感悟。我當時正「窩」在甘肅滴水成冰的深山裡，遙望四際素裹銀裝，待在四面透風的帳篷裡，守著總是沒有用的煤爐，奇冷難耐，艱辛難當。而對話古人這種事，實際上，自從我進駐山裡就開始了。

　　通常所說的對話，對話雙方或者多方至少應該具備能使對方聽得懂的表述能力，不過，有些時候，對話的一方僅做特徵的表述，比如早已逝去的先輩，比如古墓。

　　九月底的某天上午，修整土地的工人突然丟下挖掘機，跑去見隊長。工人氣喘吁吁：「挖到了一個大黑洞，洞裡有個大黑箱子。」聞聽此言，隊長跑到黑洞前，往下看，倒吸了一口氣，大黑箱子分明是一口大棺材呀！眼前有可能是一個古墓！隊長撥通了博物館的電話。文物無小事，很快，我們考古隊進駐當地 —— 開始了與古人的對話。

▌對話的第一個話題：大墓的修建年代？

　　一條墓道，墓門前放著封門磚。搬走封門磚，墓道接近墓門處，東西兩側各有一個壁龕，東邊的壁龕有四十三件彩繪俑，西邊的壁龕有二十七件彩繪俑。其中的人俑身上的衣袍顯現著典型的唐朝特徵 —— 對話古人，我們考古人「聽到」的回答是：大墓屬於唐代。

▌對話的第二個話題：墓主人是誰？

　　甬道置有墓誌，誌文為「大周故慕容府君墓誌」。我來分析一下這句話，「大周」是武則天篡權唐朝時的國號，則墓主人下葬的時間是在武則天時期；「慕容」是曾經飲馬甘青的吐谷渾王族的漢姓。墓誌告知我們考古隊：墓主人是吐谷渾的王族。那麼墓主人會是王族的哪位成員呢？揭開墓誌，下面一層書寫分明，但我們並沒有馬上揭開墓誌，因為兩層墓誌中間夾著絲綢，發掘現場不

具備開啟的條件，如果貿然開啟，恐會傷及中間的絲綢。我們決定將墓誌先取出來，帶回恆溫、恆溼、恆定的考古實驗室再開啟——很多情況下，謎底就在眼前，卻只能止步，對話古人，最忌急功。將墓誌打包運回實驗室以後，揭開上層墓誌，墓主人身分之謎真相大白，葬在大墓裡的人是吐谷渾拔勤豆可汗慕容諾曷鉢的第三個兒子慕容智。以墓誌看，慕容智在吐谷渾王朝有著很高的地位，然而，史料中卻沒有慕容智的記載——對話大墓，考古隊填補了吐谷渾王族譜系的遺缺。

▍對話古人的第三個話題：隨葬器物隱含著怎樣的文化訊息？

墓棺緊貼著西壁，棺上蓋著絲綢。——唐代，甘青地區無絲織業，絲綢來自內地，對話的結果：唐代，至少在武則天時期，絲綢之路是通暢的。

棺頭部位，嵌著蓮花瓣金飾和寶石的皮質腰帶。墓棺旁邊，棺床上，鐵質的鎧甲、鑲金的馬鞍做工精細——墓主人是一個位高權重的武將。

發掘大墓，對話古人，有一些有趣的情節，比如，墓室的漆盤裡現身了一個斷腿缺頭的木雕蛇纏著龜的玄武。玄武是中原地區遠古先民信奉的四瑞之一，竟然變成甘青遊牧民族崇拜的神了；再比如，墓室裡驚現胡床，也就是馬扎——這是迄今發現的最早的馬扎實物；還有，當地的氣溫驟降，對隨葬器物極為不利，需要抓緊時間，考古隊幾乎天天都要忙到深夜。

話說到這裡，有兩點需要說明，其一，普通人沒有機會接觸古墓、古遺址，怎麼對話古人？其二，當下的考古，與古人聊天通常都會借助高科技。

先說第一個，文物無小事，如果允許不懂考古發掘的人進入考古工地，對文物、遺跡來說是不安全的。通常考古工地是不會讓外人進入的，進不去考古工地，並不是說考古行業之外的人就沒有機會和古人聊天了，這麼說吧，藉由家裡的任何一件東西，小到鈕扣，大到房子，都能和古人聊起來，比如，桌椅板凳，可以聊的話題：桌椅的由來、沒有桌椅的時候人怎麼坐？龍椅——椅子的等級標註、坐便器與椅子的關係等等。即便是「非物質」的，也可以盡情地聊，比如，娶妻與休妻、結婚證書的由來、門當戶對「科學性」探索等等。

關於借助家當和古人聊天，本書多有涉及。和古人聊天，樂趣是無限的，哪

怕有人跟你約會遲到、飛機晚點等令你心煩意亂時，靜下心來，掃視眼前，找個能聊的東西，和古人聊聊天，就好了。

祁連鎮岔山村大墓內景

舉個例子，三十年前，我受邀參加一位村民的婚禮，見到新娘子時，我被驚呆了足有三十秒，新娘子重彩濃妝，大臉慘白，顴骨血紅，與她那原裝的黑脖子形成了強烈的反差，對此，人云己云，跟著大家一起狂誇新娘子漂亮，可我心裡呢？思考起了美顏的由來這個話題。

再說第二個，高科技參與對話古人。當下的與古人對話，因為高科技手段的介入，聊的話題越來越多了，而且，聊得更細、更科學。比如，採集遺骨，根據碳十四的殘餘量可以得出古人的死亡時間；氮十三能夠知曉死者的族屬、死因和食物構成；鍶同位素可測出死者的出生地等等。關於鍶同位素檢測參與考古，我來講個實例。甲骨文中多有將羌人當作祭祀犧牲的記載，考古人員在發掘過程中，借助鍶同位素，證實了殷墟的祭祀坑裡，遭肢解的人牲的確有很多是來自甘青一帶的羌人；體質人類學介入考古，我們可以直觀地判斷古人的健康狀況、是勞心者還是勞力者、骨頭上有著怎樣的病理變化、喪葬儀俗等等；再比如，對出土的金屬器物做「金相學」探查，便可得知各類金屬器物的鑄造方式、合金形式

等，有專家曾到江西考古工地探查金餅的含金量，得出的結論是：99.99%——兩千多年前的漢代竟然冶煉出了純度如此高的金器。

　　有朋友曾問我：對話古人，古人（遺物、遺址、遺跡）不會說話，對話簡直就是現代人的自言自語嘛。的確，對話古人，從形式上看，僅是現代人的發問，聽不到對話中的「我問你答」，對此，我不想做直接的解釋。問個問題：醫生問診失去意識的危重病人時，他的救治方法主要根據病情，醫生對話的對象就是病情。對話古人，可以說也是對「症狀」的問話，當然了，如同醫生，考古人的判斷力亦是非常重要的，這一點跟醫生一樣。醫生問診，如果問錯了，病人就有可能一命嗚呼，考古人呢？要是問錯了，歷史就會被誤解。我們說歷史是一面鏡子，有指導當今、端正思維的作用，如果鏡子歪了，以古為鑑，心理上就會亂了分寸。

耳飾比耳朵大，要的就是這種氣勢

《三國演義》裡說，劉備雙手過膝、大耳垂肩，一派帝王相。這垂肩的大耳朵，難免讓人聯想到小吃店裡賣的豬耳朵。

古時（在還沒有出現種族和宗教信仰時），豬被尊為帝王之星，所以，長了大耳朵的人與帝王、福氣這些好詞的關聯就是這麼來的。

關於「耳」，《說文解字》的註解是：「耳，主聽也。象形。」象的是怎樣的形？看看下圖。

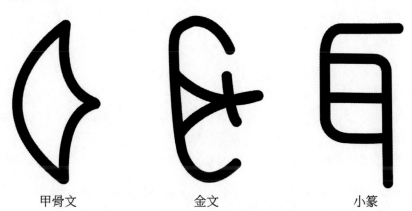

甲骨文　　　　　　　金文　　　　　　　小篆

甲骨文是是現代漢字的鼻祖。甲骨文「耳」，耳朵的象形。
金文「耳」，象的也是耳朵的形。小篆「耳」，不再象形。

距今七千多年前的陶罐，出土於內蒙古敖漢旗趙寶溝遺址。
器身上繪製著鹿、豬和鷹，考古學界認為，這幅以豬居中的圖形是迄今發現的最早的天象圖。

古人自古便熱衷借助耳朵延伸。
比如上圖這個甲骨文「取」字：
左邊是耳朵，右邊是一隻手，
這個字的本意是割取耳朵。

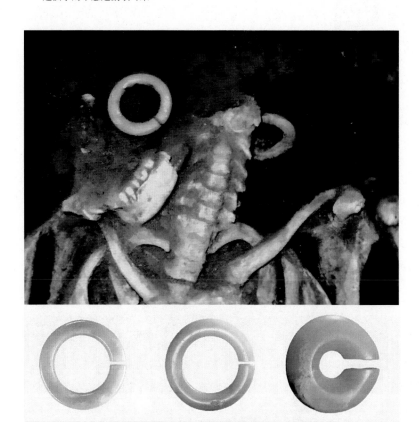

八千年前的玉玦，出土於內蒙古敖漢旗興隆窪文化聚落遺址。
玉玦的出土位置在逝者腦袋的兩邊，玉玦是戴在耳朵上的，
這是迄今發現的世界上最早的耳飾，開創了中華民族用玉的先河。

小篆「聳」，這個字的本義是耳聾，
比如馬融在〈廣成頌〉中說：「子野聽聳，離朱目眩。」

小篆「聶」，這個字的本義是附著耳朵竊竊私語。

小篆「職」，這個字的本義是記，清代文字訓詁學家段玉裁
解釋道：「凡言職者，謂其善聽也。」

關於「取」，《說文解字》說：「取，捕取也。」《周禮》說：「獲者取左耳。」「取」就是殺敵割掉其左耳朵以邀戰功。「取」字在甲骨文中很常見，由此推斷，三千多年前的商代，割耳是十分平常的。想要割掉敵人的耳朵，就要付諸武力，因此，「取」被衍生出了強奪之意。古時，「娶」常作「取」，從這個字可以窺測到上古時期娶妻是要搶奪的習俗，對此，《易·屯》說：「屯如邅如，乘馬斑如，匪寇，婚媾。」娶妻是要全副武裝強奪。對犯人的懲治亦有割耳朵的刑罰，這種刑罰叫作「刵」，《說文解字》認定：「刵，斷耳也。」被割掉了耳朵，是見不得人的，令受刑者蒙羞的事，所以，羞恥的「恥」字也有「耳」。還有，「聯」這個字也和割耳有關，《說文解字》說：「聯，連也。從耳，耳連於頰也；從絲，絲連不絕也。」我不禁想到古人在戰場上殺敵割耳，割太多了，怎麼拿？用繩子串起來提著。

小篆「聚」，眾人將耳朵湊到一起，
這個字的本義就是聚會。

小篆「聰」，這個字的本義是細細觀察。

甲骨文「聖」，
上面是一個耳朵，下面是一隻伸長的手。
耳朵很大，這人定是才智過人，所以為聖。

　　還是聊點美好的事情吧。八千年前的興隆窪人已經懂得了穿耳洞戴玉玦，這樣的風俗，後來擴展開來，成了很多地方人們的審美取向。

　　說到興隆窪出土的玉玦，這種世界上最早的耳飾，我還想再說點親身感受。第一件，在對興隆窪遺址發掘的過程中，玉玦的出土都是成雙成對置於死者頭部兩側的，唯有一次，在對一個七八歲女孩遺骸的發掘過程中僅發現了一枚玉玦。有人認為，或許是老鼠打洞，搬挪了另一枚玉玦，大家也都沒有太在意。後來女孩的頭顱被拿回遺址旁邊的臨時工棚，大家吃過晚飯以後，一名考古人員清理頭顱上的泥土，其他人有的寫發掘紀錄，有的整理挖掘器材，忽然，清理頭顱的考古人員像是掉到了井裡似地驚叫了起來，眾人忙圍攏過去 —— 女孩的右眼眶裡露出了一枚玉玦！

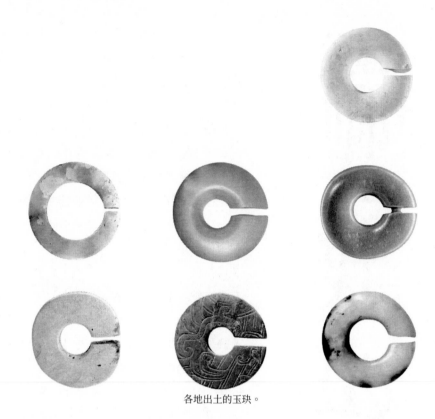

各地出土的玉玦。

　　問題來了，這塊玉玦是女孩生前放進去的，還是死後放進其眼眶的？有學者認為，是女孩活著時放進去的，根據是，考古發掘人員曾在興隆窪文化遺址裡發現過一個頭顱，其中有一顆牙齒被打了個洞，既然堅硬的牙齒能被鑽透，這說明當時的興隆窪人已經掌握了較高的醫術，因此，在女孩活著的時候，將玉玦鑲進她的眼眶，不是沒有這種可能；另有學者認為，玉玦是女孩死後被人放進眼眶的，事死如事生，女孩死後，變成了神，將玉玦放進眼眶在於增加女孩的神力。

　　將玉玦放入眼眶，在於玉有神性，還在於玉玦的器形。女孩眼裡的玉玦呈 C 形，這樣的器形被興隆窪人認為有神性，這麼說的根據是，在考古發掘過程中，我們曾在興隆窪文化遺址發現了一個石頭擺成的列陣，列陣呈 C 形，C 形列陣的一端放置著一顆野豬頭。前面我們說過，豬在遠古時期被尊為天上的主神，C 形的列陣也並非隨意而為，亦具神性，所以呈 C 形的玉玦絕非僅有耳飾的功能，也是具備神性的。

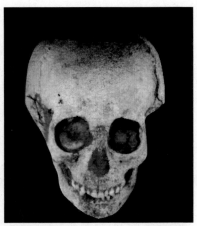

興隆窪人為什麼要將玉玦放進女孩的眼眶？考古人員推測，女孩有可能是聚落裡的巫，玉能通神，有神性，將玉作為眼睛，巫會更具神力，女孩就有了洞察一切的神力。

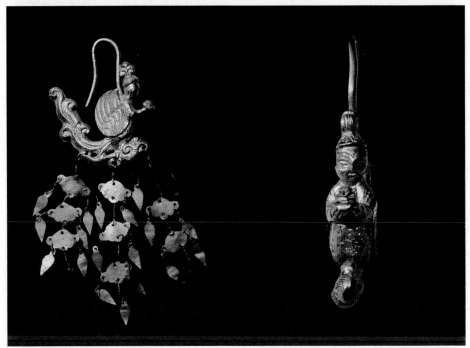

內蒙古巴林右旗遼墓出土的金耳飾。

內蒙古赤峰市遼駙馬贈衛國王墓出土的雙面人頭鎏金銀飾件，其中耳飾比耳朵還大。

古滇國仕女，其耳飾也比耳朵還大。

還有一點，我推測這個年僅七八歲的女孩是巫，為什麼呢？這是因為，在興隆窪文化時期，七八歲已經可以被算作「大人」了，所以說，女孩掌握了通神的法術是不足為奇的。

我們都知道老子姓李，名李耳，又稱老聃，為什麼老子以「耳」為名、以「聃」自稱呢？這與古代的陰陽觀有關，比如說，中醫認為人之肺腑與五行相配，

聽

「聽」，不但有「耳」，還有「心」。能造出這個字，古人可謂是煞費苦心。《說文解字》說：「聽，聆也。」古時，「聽」還有治理、處理的意思，比如聽訟。孔子曾言：「聽訟，吾猶人也。必也，使無訟乎。」孔子所言翻譯是：「處理官司，我與別人一樣（沒什麼高明之處），非要說有什麼不同的話，我會教化百姓，使官司案件不再發生。」

腎屬水，故腎為陰，而腎開竅於耳，老子的「耳」與「聃」都有陰性的含義。老子鼓吹陰陽，而非陽陰，他又字伯陽，屬陽，老子這種顧陰及陽，展現了陰陽一體、陰陽互限、陰陽和諧的思想。所以，這位偉大的哲人便以「耳」為名了。

民間還有關於「大耳有福」的說法。研究者認為，耳朵的上沿高度如果超過了眉毛，這人就會神經過敏。耳朵如果太低，智商就可能有問題。耳朵輪廓如果不規整，就會妄自尊大、自以為是，叛逆意識就有可能太重。至於說「大耳有福」，中醫認為，耳朵太瘦，精力便不好。耳朵太肥，體內的脂肪就會過多，易發心腦疾病。再者，我們知道了耳朵對應腎臟，腎屬水，是先天之源，所以，腎好身體就好，身體好，自然就是有福之人了。

再說一個與「耳」有關的字，這個字大家都熟悉——攝，「攝影」的「攝」。「攝」，從手從聶，本義是小心翼翼，比如說，攝生，中醫養生講究意靜，《黃帝內經》中說：「恬淡虛無，真氣之從。」「攝」亦有收斂之意，所以就有了「攝影」的衍生。再有，攝政，指君王因年幼不能親政，由年長的親戚或權臣代行政務，而攝政之於攝，實須小心謹慎、多聽少說。

不過，有的時候，過於側重於聽，反而不是件好事，比如說，近年有個詞叫「耳根子」，這個詞多用於在朝為官的大男人們，如果他們耳根子太軟，經不住「枕邊風」的吹拂，犯了偏聽的弊病，到頭來，難免官位保不住，說不定還得因為手腳不乾淨而進牢房呢。

關於耳朵，很多動物的進化比人還強，比如非洲象，它們大大的耳朵除了聽聲還有散熱的功能；再比如蝙蝠的耳朵有回聲定位的功能。前不久，一個男童問我：「為什麼驢的耳朵比馬大？」我不知道怎麼回答，改日到農村時，請教老農。老農說，驢身體比馬小，所以耳朵大，而獐的個頭比驢小，所以耳朵比驢大；再有，兔子更小，耳朵更大（就身體比例來說），因為要時常提防被捕食，為了物種的延續，耳朵大的聽力就好，存活的機會就多。

聽完老農的解釋，我啞然。本文開篇，論及劉備大耳垂肩頗具帝王之相，或許，亦有生物學的概念。

鼻子，人類進化過程中的標準器官

有學者斷言，人類是從非洲走出來到世界各地繁衍開的，不同的大陸氣候和條件，使古人們進化出了差異明顯的鼻子。例如歐洲地區氣溫低，繁衍於這裡的古人們進化出了直挺的高鼻梁；留在非洲的古人們因為當地氣候炎熱，便進化出了塌塌的扁平鼻子；生長於亞洲的古人呢？因為溫度適中，他們進化出的鼻子介於歐洲人與非洲人之間，不大不小，正合適。

關於我們臉上的器官，眼、口、眉、耳，在古籍、野史中多見讚譽之詞，但是關於鼻子的，少有提及。

在西方，有個家喻戶曉的寓言故事，故事的主角是個叫皮諾丘的小男孩，有一天皮諾丘說了謊話，鼻子突然變得長長的。說謊的嘴沒遭殃，鼻子卻受到懲處？可見西方文化中鼻子的地位亦是難與其他器官相提並論，在東西方文化中均不受歡迎。

西周青銅像尊。所有動物中，鼻子長得最誇張的就是大象了。

　　中華民族不願意讚美鼻子的習慣，歷史早已有之，比如古代有一種刑罰叫作「劓」，「鼻」字旁邊一把「刀」，這種刑罰就是割掉受刑人的鼻子。被割掉鼻子的人，臉上直直的兩個黑洞，這樣的相貌足以嚇死人。被處以「劓」刑的人，因醜陋至極，或是悲悲切切自我了斷，或是躲進深山裡苟延殘喘。沒曾想，躲進深山亦不得安生，向來傾慕中原文明的當地土著竟紛紛效仿，割掉了鼻子。這下子，大家都沒了鼻子，反倒覺得「黑洞」美了。於是，「劓」引領了時尚。不過，這僅僅是個傳說，有可能是那些被處以「劓」刑的人，自我安慰的。

　　上帝造人，眼是用來看的，耳是用作聽的，鼻子的功用是來嗅的，它們都是接收外來訊息的器官。遠古時期，狩獵密林，古人看不見、聽不著，只能以鼻探查周遭。後來，人類晉升為食物鏈的主宰，鼻子的功能卻退化了，不受歡迎了，「耳聽為虛，眼見為實」，不關鼻子什麼事，甚而連文字記述也被忽略了。

　　雖然古代著述和鄉野文學中均少見提及鼻子，但鼻子並非一無是處，比如說《水滸傳》裡，李鬼劫道李逵，大拇指戳著自家鼻子，惡聲道：「你知道老子是誰嗎？」殺人從來不眨眼的李逵一下子茫然了，李鬼再言：「老子便是黑旋風

小篆「劓」，鼻子旁邊一把刀。考古人員根據史料，推測早在三千多年前的商代，或者更早一些的四千年前的夏代，就已經有這樣的酷刑了。

甲骨文「自」，鼻子的象形。

甲骨文「臭」，鼻子下面一隻狗。

李逵！」李鬼假借李逵的名號嚇唬別人時，為什麼不指著嘴、不指著眼睛，偏要指著鼻子呢？曹操與劉備煮酒論英雄，曹操舉著筷子，指著劉備的鼻尖，說：「天下英雄，非爾莫屬！」聞聽此言，劉備頓時驚呆了，鼻尖上冒出了點點冷汗。

現代生活中，鼻子嗅到的氣味，不是香就是臭，而我們常提到的「臭」，跟鼻子有著緊密的關係。

甲骨文的「臭」字是鼻子下面拴一條狗，那麼這種組合怎麼就成了「臭」字呢？這要從「臭」的本意說起。「臭」從犬，這是一個會意字，本意應該是聞氣味。對此，《說文解字》認為：「臭，禽走，臭而知其跡者，犬也。」《尚書‧盤庚》說：「無起穢以自臭。」古時候，香氣、穢氣都被稱為臭。舉個典型的例子，《周易‧繫辭傳》說：「其臭如蘭。」意思是味道如同蘭花。後來，臭的意思變異成了難聞的氣味，《國語‧晉語》說：「惠公即位，出共世子而改葬之，臭達於外。」後來，臭僅有貶義的概念了。比如《尚書‧盤庚》中「若乘舟，汝弗濟，臭厥載」。再後來，臭的貶義概念有了程度的意味，臭蟲、臭豆腐、臭美、臭皮囊、臭錢以及臭不可聞、遺臭萬年、臭名昭彰

等等。鼻子雖是占據著臉的突出部位，卻也因此常遭貶斥，比如說，大鼻子、鷹鉤鼻、蒜頭鼻、酒糟鼻等。不過，典籍中也能找出一些讚美之詞，比如司馬遷在《史記》中讚美秦始皇是「蜂目長準」，他將鼻稱為「準」。

曹雪芹的《紅樓夢》裡也有對鼻子的誇譽，比如說迎春「鼻凝鵝脂」，寶玉「鼻如懸膽」，鵝的脂肪，懸著的膽囊，這般「比喻」巧則巧矣，至於該怎麼品味曹雪芹筆下迎春和寶玉的美鼻呢？本人是無以評說了。

鼻子除了與「臭」的關係緊密外，還有一個字與鼻子息息相關，那就是「息」，其金文寫作上面一個鼻，下邊一個心，《說文解字》說：「息，喘也。」《說文解字》將

紅山女神像，距今五千多年。這尊神像與真人大小相當，肉肉的鼻子愈顯出女神的威嚴。圖片上面右邊的這個鼻子，要比真人的大三倍。考古人員認定，這個鼻子的主人是神廟裡的至尊之神。

「息」解釋為「喘」似有不妥，為此，清代大文學家段玉裁認為：「人之氣急曰喘，舒曰息。」也就是說，呼吸急促為喘，呼吸平穩為息。

或許是因為鼻子總在前面，所以被引申出了「始」的意念，比如說，鼻祖。

回過頭來，再說說劓刑，這種割鼻酷刑始於何時？有人說，始於三千多年前的商，有說是更早一些的夏，不管這種刑罰起源於何時，有一點是可以被認定的，這種刑罰至少存在了上千年，及至漢初，劓刑仍舊盛行。直到漢文帝劉恆時，這種刑罰才被明文廢除。漢之前，由於割鼻子的刑罰很常用，所以歷史上有一段慘痛的史實，這就是秦滅六國將俘獲的六國士兵和百姓大多處以劓刑，以至於在六國的舊都，有一段時間，沒鼻子的人反倒比有鼻子的人還多。

瑪瑙鼻塞，大小如黃豆，是當了二十七天西漢皇帝的劉賀的內棺。

鼻煙壺，在清代相當得寵，鼻子享受到了高檔的待遇。

四川三星堆青銅面具，當時出土的所有面具，鼻子的造型都十分誇張。

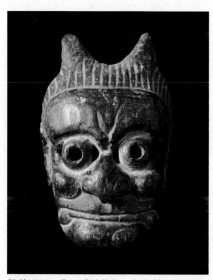

儺戲面具，鼻子雖被簡化，但氣勢不在於繁瑣，如此的鼻子，幾乎可以搶了眼睛的風頭。

金文「息」，呼吸時，氣自鼻入，自鼻出，關乎心，也就關乎性命。

古代出嫁的女人很在意從一而終，即使成了寡婦，也要固守貞節，不可再嫁。如果哪位貪戀姿色的男人想要娶一位寡婦，那麼拒絕再嫁的寡婦就會割掉自己的鼻子以保貞節。面對如此烈女，再貪心的男人也唯有退避，可是寡婦呢，雖然保住了貞節，卻沒了鼻子，醜陋終身。

之前在發掘海昏侯劉賀的內棺時，我們發現了劉賀的鼻塞，嚴格來說，這個發現實屬偶然。

當我們在實驗室進行考古發掘工作，清理到劉賀襠部的時候（實際上，除了他滿口的大牙，劉賀的屍骨早已蕩然無存，認定是襠部的位置主要憑藉人躺著的姿勢推算的），在一塊直徑二十多公分的大玉璧下面出現了一枚肛塞，就是堵屁股眼的玉器。發現肛塞，考古隊員不禁興奮起來，既然劉賀死時被置以了肛塞，那麼，其他孔洞（眼睛、鼻子、耳朵、嘴和生殖器）就應該也有玉塞。經過一番查找，我們找到了眼罩、口含和鼻塞。如前頁圖所示，兩個鼻塞狀如黃豆，與以往漢墓出土的鼻塞比起來，顯得過於小巧、寒酸了些。考古人員斷定，這對鼻塞其實是替代品，按理說劉賀下葬，隨葬器物應極盡奢華，可為什麼小小的鼻塞卻要用替代品呢？這一點，在場的考古隊員誰也不清楚。

八千多年前的牙齒美容

╌╌╌

　　甲骨文的「齒」，從字形上看，好似張開的大嘴，露出大牙，如此這般，有悖儀軌。

　　儀軌，源自唐代女子宋若莘、宋若昭姐妹合著的《女論語》，其中說道：「凡為女子，先學立身。立身之法，唯務清、貞，清則身潔，貞則身榮，行莫回頭，語莫掀唇。」女人說話，不能動唇，試試看，是不是非常難。如此這般，喉嚨裡發出的聲音造作優柔，分貝低得沒人聽得見。身為女子，編撰這樣的「論語」，不知道宋氏姐妹是出於什麼動機呢？令人費解。然而宋氏姐妹的這般創意，被後世推衍出了更為苛刻的標準，即：「行不露足，踱不過寸，笑不露齒，手不上胸。」行不露足，只穿那種鬆垮的拖地長裙；踱不過寸，現今的女人絕對做不到，只有古代裹了三寸金蓮的女人才能勝任；笑不露齒，不說了，說了也奇怪；手不上胸，鬆垮的長裙本來就難顯酥胸，上不上手，在於有無暗示之嫌的自摸。

　　一九九〇年代初，我在內蒙古參加興隆窪文化聚落遺址的考古發掘工作。興隆窪文化遺址距今八千多年了，當時的人死後通常都會被葬在居室裡。當我們發掘葬於居室裡的遺骸時，其中一顆頭顱引起了同仁們的關注。死者的年齡大約三十五歲，其左側後槽牙後面的一顆牙上，有一個人工鑽透的上下貫通的小洞。八千年前的興隆窪人還不懂得金屬冶煉，這個牙洞是用什麼工具、以什麼方式打

通的呢？興隆窪人打通牙齒的動機又是什麼呢？有人認為，或許是死者生前因為牙痛，聚落裡的「牙醫」將牙齒打通切斷了牙床上的神經，不過，這僅僅是推測。

甲骨文「齒」，
大張著的嘴，露出一口大白牙。

實際上，不僅興隆窪人熱衷「動」牙，古時，動牙者大有人在，對此，成書於先秦的《山海經》上有關於「鑿齒民」的記載。何謂「鑿齒」？漢晉時有兩種解釋，其一是齒長如鑿，高誘在《淮南子》中說：「鑿齒民，吐一齒出口下，長三尺也。」「鑿齒」的另一種解釋是，南方人有拔牙的習俗，《管子》中將這種習俗解釋為：「吳、干戰……摘其齒。」吳越人有摘齒的習俗。考古過程中，我們發現，很多地區的古人皆有結婚前拔牙的習俗。

興隆窪文化聚落遺址，被學術界命名為「華夏第一村」。

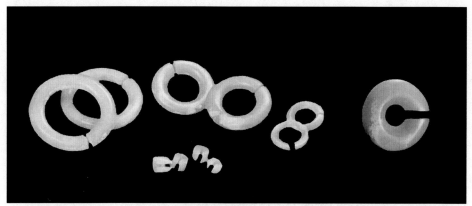

興隆窪文化遺址是一個奇蹟，這裡不僅有「最早的牙醫」，還有世界上最早的耳飾 —— 玉玦。玉玦開創了用玉的先河。

古人為什麼跟牙齒過不去呢？宋代的《太平寰宇記》中說，荊州僚人女子長大以後會拔掉獠牙，據說，拔去像狗牙一樣的獠牙，出嫁後就不會傷及男人。不過，此種認知又有了疑問，之前考古發現的古人拔的都是上顎的側切牙而非獠牙呀，或許，在那時的人看來，拔掉門面上的牙有損形象，所以必須要拔的話，就只能拔側切牙了。在日本新石器時代的遺址中，有的死者下顎上的六顆牙都被拔掉了，但拔得再多，都不會動門牙。由此看來，古人熱衷拔牙，前提是不影響美觀。

當今，說到「齒」，都會連帶出「牙」，「牙齒」已然成了一個詞。實際上，古時候的「牙」和「齒」是兩碼事：嘴唇後面的牙，即門牙叫作齒；頜上的大齒才叫牙。對此，段玉裁在《說文解字注》中認定：「前當唇者稱齒，後在輔車者稱牙。」輔車即臉頰，長在後面的專做咀嚼用的才稱為牙。

說一個有趣的故事，上學的時候，一天，一位年逾七旬的老師在上課前問學生們：「是牙硬還是舌頭硬？」學生們回答：「當然是牙硬。」老師說道：「舌頭還在，牙沒了。」老師講的這故事出自《說苑》，故事是這樣的：傳說老子的老師常樅病重，老子去看他，常樅問老子：「我的舌頭還在嗎？」老子說：「在」。常樅再問：「我的牙還在嗎？」老子說：「不在了。」常樅又問：「為什麼？」老子悟性極高，當即答道：「舌頭還在因為柔軟，牙齒不在因為堅硬。」常樅說：「你明白了這個道理，天下的事就都能明白了。」這也是「齒亡舌存」成語的出處。

出土於四川成都金沙遺址的象牙。
幾十根巨大的象牙堆放在一起，
考古人員推測，這些象牙是被用來祭神的。

陳巴爾虎旗薩滿巫師面具。
面具突顯瞪眼、張口、獠牙的架勢，相當唬人。

在我們的考古發掘過程中出土的遺骸，無論是人還是動物，牙是最常見的。根據牙，考古人員不但能判斷出死者的年齡，還能推測出死者生前的食物構成和健康狀況。

我們的鄰居塔吉克人有鑲金牙的習俗，無論男女老少，都以鑲金牙為美。我曾在報紙上看到過這樣一則消息，說的是一位議員鑲了一口金牙，結果，監察機構出面調查金牙的來歷，事情鬧得沸沸揚揚，最後這位議員因為這口金牙丟了官，原因就是其有受賄之嫌。前些年，我到了西藏，在康巴地區看到了一些奇景，靚男俊女皆鑲金牙，當然了，因為家境不同，金牙的數量也有多有寡。想像一下，古時候落後的醫療條件，為了鑲上金牙，必須先將原本的牙拔掉，沒有止痛藥，是硬生生地拔，沒有被疼死至少也得

疼暈過去。愛美，或者說炫富，是要付出代價的。

　　當然，人們以金牙為美，這樣的審美習俗也是有原因的。首先，黃金的穩定性強，不易變質，而且延展性和耐磨性都不錯，可以作為制牙的材料，另一方面，世界上很多民族都迷信黃金有驅邪的功能，鑲上牙金，便可以消災。

　　至於遺址中那顆被鑽了洞的牙，古人是怎麼做到的，目前還沒有定論，有待研究。

內蒙古翁牛特旗紅山文化的岩畫。此畫為太陽神，還是位齜著大牙的太陽神。

內蒙古海拉爾陳巴爾虎旗崗嘎墓地出土的早期蒙古武士遺骸。
從牙齒的情況可以推斷，死者的年齡在三十多歲。

湖北鄖西黃龍洞，考古人員在這裡發掘出土了距今十萬年的古人類牙齒。

獵頭，早在上古時期就有的「職業」

古時候，有一種殺人的刑罰叫「梟首」。「首」，誰都知道，就是腦袋，而「梟」呢？本義是指一種惡鳥，也指貓頭鷹。據傳，老梟將小梟哺育大以後，小梟就會毫不留情地將父母吃掉。面對孩子的啄食，老梟會緊緊咬住樹枝，任由小梟撕咬，最後，樹枝上就只剩下孤零零的老梟的腦袋了。

將「梟」與「首」組合在一起，是古時的官府發明了這種專門用來殺一儆百、嚇唬老百姓的刑罰。「梟首」的具體做法是，將犯人的腦袋砍下來，放在特製的木籠裡，或高挑在木棍上，或掛在高高的城樓上。

高掛人頭便能威懾住居心叵測之徒，確保一方平安。於是，為了活著，絕大多數人忍氣吞聲、得過且過。為什麼把掌權的人尊為「首腦」、「首相」、「頭頭」？因為頭關乎個人的生死、集體的利益和國家的命運。

大約是在一九九〇年代初，有個詞風靡起來，這就是「獵頭」。從字面理解，就是獵殺別人的腦袋。殺人償命，但「獵頭」者無須擔責，因為此「獵頭」並非提著大刀砍掉別人腦袋，而是搜刮腦袋裡有真材實料的人才。獵人才，當然不犯法，因此無須承擔法律責任，不過，獵頭的本意，或者說古人是怎麼「厚待」腦袋的，實在令人毛骨悚然。

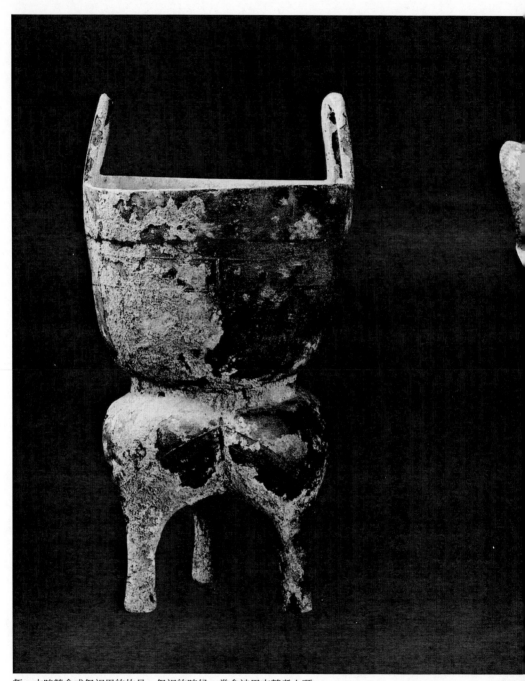

甗，古時蒸食或祭祀用的炊具。祭祀的時候，常會被用來蒸煮人頭。

商代的一個炊具，叫作甗。甗的三個腿是中空的，底部放水，中間置上算子，食物放在算子上煮。甗的功能相當於今天的電鍋。遇到重大的祭祀活動，甗還會充當禮器。

不過只有在祭祀那些有身分的祖先時才會使用甗，而且，甗中的祭品——人頭，就是被砍了腦袋的人，也是生前具備與被祭祀的祖先相同社會地位的人。因為商朝時期的人相信，只有這樣，祭祀才能達到預期的效果。

安陽殷墟，出土了司母戊大方鼎的大墓，墓道裡挖出二十多顆骷髏。

考古人員曾經發掘出土了一片甲骨，上面記載著周文王被商王當作祭品的文字，祭祀的對象是叫作祖甲和大甲的死去的商王。周文王死在商末殷墟的第一監獄——羑裡城裡，這就有了一個疑問，出土於殷墟的甗，哪尊裡面放著的是周文王的腦袋呢？備受後世推崇的周文王，死得太悲催了。

經過發掘研究，上頁圖中那些死者都是二三十歲的年輕男子——三千多年前，母后戊死了，下葬到早就挖好的大墓裡，五十多個年輕男子排著隊，依次伸脖，劊子手舉起青銅鉞，「咔嚓」，人頭落地，然後他們的頭被放置在了戊的大墓的墓道裡。被砍掉腦袋的人有可能是被「獵」來的專門用作祭祀的戰俘。地位

卑微的戰俘的腦袋當然沒有資格進甗。商人講究「事死如事生」，想像一下，戊死後到了另一個世界，開始全新的生活，但身前飄忽著五十多個沒身體的亡魂，終日享受這等禮遇，實在恐怖 —— 至少在當代人看來是如此。

為什麼提起當今的「獵頭」，我就會想起三千多年前的甗呢？原因在於，這兩件事有類似的地方，都是有能耐、有地位的人才有資格被選用。數千年來，凡事但凡能夠成「氣候」，就都有根，那麼，「獵頭」的根在哪裡呢？

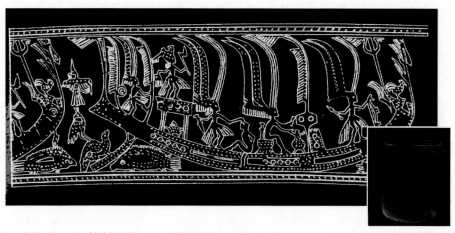

廣州南越國第二代王趙眜的大墓中，出土的銅提筒上的圖飾。圖飾刻劃的是將士出征凱旋的景象，圖飾中有好幾個將士提著人頭。

身為將士，手裡要是不提個敵人的腦袋是很沒面子的，提的腦袋越多，戰功就越大，就越能感受到女孩們多情的媚眼。

春秋戰國時期，諸侯混戰，獵頭之風相當盛行，各國將士邀功請賞的憑據是看他們提回來了多少顆腦袋。對此，《詩經》上說「在泮獻首」，以腦袋邀功。那麼春秋戰國是不是最早的呢？回答不是，還有更早的！

三千多年前的商王朝施行的是「國之大事，在祀與戎」的國策，王朝所有健康的男人都要經歷殺人或者被人殺的命運，而每番征戰，誰抓到的戰俘和提回來的腦袋越多，誰功勞就越大。那麼獵頭應該是在商代起源的吧？不是，還有更早的呢！

大約在距今四千年前，為了爭奪天下的統治權，黃帝和蚩尤打得昏天黑地，惡戰的結果是，黃帝打敗了蚩尤。為了發洩心中的憤恨，黃帝將蚩尤的腦袋割了下來，塞上頭髮，讓士兵踢蹴取樂。事後，黃帝重賞了抓住蚩尤頭的士兵，應該

說，黃帝對士兵的獎勵為日後戰爭中以頭請賞的標準做出了表率，或許，獵頭的根在黃帝。

古人在記載這件事的時候有一個暗喻，那就是丟掉了腦袋，意味著沒了天，天是最高的精神皈依，失去了天就等於失去了一切，即便像神話傳說中的上古巨人刑天那樣，沒了腦袋仍與黃帝廝殺，但終究逃不出失敗的結局。關於刑天的愚忠，還有一個暗喻，暗喻所有統治者的期望，期望臣子如同刑天般愚忠，唯有統治者才長著腦袋，如果當真如此，統治者便可以隨心所欲、為所欲為了。

說獵頭的根來自黃帝，實際上還不確切，我有一位從事民俗學研究的同事告訴我，以前有些少數民族的男孩長大後，要帶上腰刀出去砍一顆人頭回來，只有這樣，才能被認為是長成真正的男人了，才有資格娶妻生子。這些少數民族所處的時代比黃帝時期更原始，也就是說，當中原地區還處在新石器時代早期，獵頭的風俗就已經存在了。這條線索似乎還可以往前推，我曾在張家口的一處舊石器洞穴居址裡看到過大約兩萬年前的人的肋骨，肋骨上有明顯的被石器刮削過的痕跡，可以肯定的是，此人絕非死於猛獸的撲殺，而是被同類當作食物殺死的，被吃掉的人有可能是被抓來的外族人。有學者認為，被吃掉的人不是外族，而是本族中的老者或者傷者。因為冬季沒有植物可供採摘，想要充飢唯有捕獵，但十有八九外出捕獵的人都會空手而歸，為了活下去，餓極了的族人便將沒有氣力參與捕獵的老者或者傷者當作食物。還有一種說法，族群裡的人因老、因病或者因意外而死，也會被族人用來充飢。

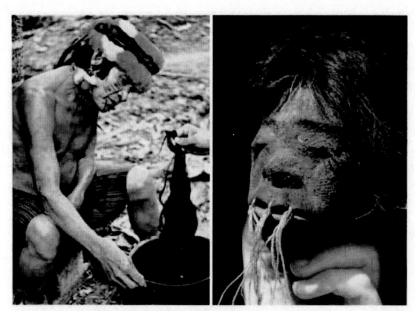

幾內亞獵頭族（左圖）。在國外也曾有過「獵頭」的習俗。
右圖中拿在手上的的人頭被脫水處理了，所以顯得很小。

殷墟祭祀坑。這是商代的一個祭祀場。為了討好心目中的鬼神，殷人在一天裡一次性地宰殺了一千多個年輕
的人牲。或許，這次祭奠的祖先需要的是沒有頭的人，所以，這些「祭品」全都沒了腦袋。

凌家灘遺址的玉覡。這對玉人足有五千多歲了。

玉人長著一顆不合比例的碩大的腦袋。在五千多年前的凌家灘人看來，腦袋是人體最重要的器官。

那麼與古人對話到此，又有疑問了，晚期的時候，為了邀功，士兵們爭著砍敵人的腦袋，可早期的時候，無冤無仇，士兵為什麼還要去殺人獵頭呢？

為什麼要去獵頭？我們再重新審視三千多年前的商代。前頁大圖是一處商代的祭祀場，在這些長方形的坑裡埋著一千多具無頭男屍。經考證，這些人都是在同一天被砍掉腦袋的。商朝人殺生在於祭祀，為的是祭奠被奉作神的先祖，由此可以推出這樣的猜測：早期的獵頭工作的目的是為了向神靈提供祭品，遠古時期人們熱衷的獵頭源自原始的宗教信仰。

沒了頭，就沒了命，當時的人們早就明白這點。左圖中那對出土於安徽凌家灘的玉人，據推測它們應該是巫師，因為長著巨大的腦袋，暗示著它們智商超群。就像甲骨文中的「鬼」，從字形上看，鬼被描繪成了大腦袋的神，意喻鬼是很聰明的、本事是很大的。

鬼長著大腦袋，那麼人的頭會是什麼樣的呢？請看旁邊金文的「頭」，左邊是一個「豆」，也就是古代盛放食物的容器，右邊是一頁兩頁的「頁」。「頭」是一個象形字，「頁」的本義表示的是頭，「頁」在甲骨文中的寫法上邊是一個「大頭」，「大頭」上有眼睛，有頭髮，下面是一個側跪著的人。

甲骨文「鬼」。鬼在三千多年前商王朝人們的心目中也是神，從字形上看，鬼有顆巨大的腦袋，說明鬼是不同尋常的。

金文「頭」。容器加上頭，這就是「頭」。

甲骨文「頁」。現代漢字，與頭有關的許多字都是從「頁」的，比如額、頂、鬚、頜、顱、顆、頸、顎、顏等等。

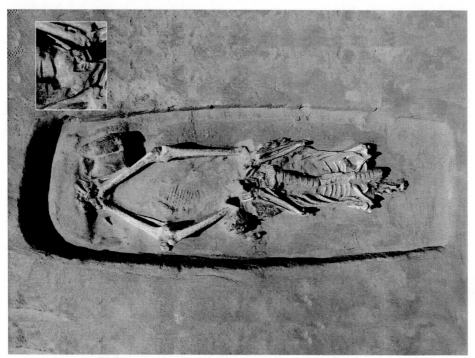

內蒙古呼倫貝爾市陳巴爾虎旗完工鎮崗嘎遺址，早期蒙古墓葬。
從隨葬者精美的銀質腰帶看，死者的地位不低，但是，身子還在，頭卻沒了。
或許，他是個帶兵的武將，戰鬥中被敵人砍了腦袋，戰後，同伴將這副無頭屍扛了回來，下葬了。

甲骨文裡表示頭的還有「首」，「首」也是一個象形字，很像側著身體的動物腦袋。「首」的本意就是頭，在表達上兩個字也常被互用，比如俯首、低首、昂頭、抬頭等。因為頭在人體的最上面，所以，常被喻以靠前的概念，比如首創、首先、首播以及工頭、苗頭、牢頭、源頭等等。

首、腦袋是產生決定性的重要部分，比如我前面說過的刑天的故事，在被砍掉了腦袋以後，仍然以乳為目，以臍為口，戰鬥不止。不過，即便如此，刑天終是打不贏的，因為他沒有了腦袋。

現今，患有阿茲海默症的人很多，為此，我曾諮詢過一位學醫的朋友，他斷言，愛動腦子的人和不愛動腦子的人比起來，後者的發病率比前者要高得多。

古人認為，天是圓的，如同人的腦袋，地是方的，就像人的雙腳。將頭比作天，除了形似，關鍵是腦袋在古人看來是至高的。至高的天是動不得的，為

什麼古代神話裡有「女媧補天」的故事？因為天毀了，人也就無以生存了，恰如人的腦袋掉了，命就完結了。

不甘落後是人的天性，官場上的爾虞我詐為的也就是為了能混上個「首位」；商戰中，費盡心思要把別人的錢賺到自己的口袋裡來；賊窩裡，爭先恐後為的是坐上第一把交椅，然而，爭來爭去，任何人都逃不脫「到『頭』來，荒塚一堆草沒了」的最終歸宿。沒了頭，就沒命了，古人們早就明白這點。

甲骨文「首」。尖嘴、大眼，頭頂有幾根毛。

甲骨文「天」，
身上頂著一顆圓圓的大腦袋，以頭喻天，早已有之。

前面說了，頭和腦是一回事，如果我們非要比較呢？比如說一個人有思想，謂之「有頭腦」，沒有說此人「有頭」或者「有腦」的，頭和腦連在一起不再是具象的了。還有不一樣的，脖頸上的頭功能偏重的是戴冠（帽、巾、盔等），與頂類似，亦即「頂戴」，而腦呢？功能在於盛放，盛放的是什麼？是「腦子」，也就是智慧，說某人聰明常以「有腦」冠之，絕不可說成「有頭」，反過來，亦是此理，頭盔、頭巾絕不能被將就成腦盔、腦巾。

關於頭、首、腦袋的根挖掘完了，看完本篇奇談怪論，您千萬別用「腦」過度。

臀的「親密夥伴」

在東方文明中，歷代人們的觀念都認為：臀大的女人生育能力強，這也是「肥臀」備受推崇的原因所在 ── 中看亦中用。言歸正傳，回到本文的話題：聊聊臀的「親密夥伴」。有人說，人生的三分之一時間是與床為伴的，其實，臀與椅子的關係是更為密切的，至少，就當今的上班族們來說是這樣的，每天上班下班，屁股與椅子為伍的時間至少有十多個小時。

椅子甚是重要，但古代人學會坐椅凳，相對來說比較晚。就像我們的孔聖人在施教時，也是孔丘坐，弟子跪。嚴格來說，孔大聖人也應該是跪著的，而且是席地而跪的。

紅山文化陶人。五千多年前的紅山文化陶人絕對符合「肥臀」的美譽。早期,多生多育,是確保種族延續的前提,這也是那個時代審美的標準。剛出土時,因寡聞少見,這尊掉了腦袋的僅有巴掌大的陶人被當下的學者尊作「東方維納斯」。

不過古人的席地而跪，是有根據的。幾年前，有個加拿大學者在安陽殷墟查看商代遺骸的時候，他發現商代遺骸中，死者生前的地位越高，趾骨與髕骨的磨損就越嚴重。他的研究結論是，無須勞動的商代貴族整日跪坐議事、餐飲，時間長了，趾骨和髕骨就被嚴重磨損了。

那麼為什麼都能發明火藥、指南針、造紙術和印刷術了，真正懂得坐椅凳卻較晚呢？對此，更多的原因是文化的傳承，這麼說也是有根據的，甲骨文「女」和甲骨文「鬼」，這兩個字的象形都是側身跪坐的效果。

甲骨文「女」和「鬼」，
人與神，都講究跪坐。

跪，在於彰顯禮。為了展現貴賤之別，地位低的人要向地位高的人下跪，必要的時候，就連至尊的皇帝也得跪，難道說世間還有比皇帝地位高的人嗎？當然沒有，其實，皇帝跪的不是世間而是神界，皇帝屈尊是為了巴結神，皇帝拜神也必須遵守禮數。話說到這裡，又離題了，本文說的是與臀關係十分密切的椅凳，不過，既然說到了禮，不妨藉著這個線索說說涉及椅凳的禮。

最高層面的——龍椅，龍臀的獨享。常見的就是交椅，第一把交椅是老大的特權，要想感受第一把交椅的榮耀，就必須爭取。話說回來了，實際上，交椅也是皇宮的產物，發明人是大宋的開國皇帝趙匡胤。趙皇帝每番出巡，太監們都要為皇帝扛著一把叫作「交」的椅子，太監或者旁人絕不能享用此椅，於是，叫作「交」的椅子便被尊為至尊。後來，交椅傳到了民間，並且衍生出了頭把、二把、三把等級的概念。話說到這裡，又多了一個疑問，「椅子」為什麼要被冠以「交」呢？從外形上看，椅背呈環狀，像是要相交在一起，就被叫作「交椅」了？其實，這只是表象，更深一層的緣由在於「交」的本義。古時，「交」有陰陽交泰的意思。早期哲學根基於陰陽學，陰陽平衡是世間萬物滋生的前提，「普天之下，莫非王土」，皇帝的屁股坐穩了，天下才能太平，於是，皇帝的椅子就被稱作「交椅」了。

前面我提到過交椅流傳到了民間，那麼既然是皇帝的專用椅子，怎麼可能流傳民間呢？原因是，皇帝自詡為龍，那麼他應該將自己的座椅叫作交椅還是龍椅呢？為了進一步強化座椅的神性，繼趙匡胤之後的皇帝就將「交椅」改稱為「龍椅」，交椅不再是皇帝的專座，聖譽的概念沒了，流傳到民間並被老百姓衍生出諸多的說法也就不足為奇了。

交椅流傳到民間以後，先是被添加上了貴賤，以至於即便是當今，以座次論高低的做法依舊相當盛行，比如說，宴席間，誰的官大，誰就會被安排在上手（左邊）位置，然後以這位大官為基點，依官階高低，大家圍攏而坐。

牛河梁紅山文化墓葬，死者雙腿相交，這樣做意在交泰，這應該是最早的陰陽交泰的實證。有學者認為這是甲骨文「交」的源頭。

這幅古畫出自唐代畫家閻立本之手，畫中的帝王坐在胡床上。

這幅古畫是五代的周文矩所畫,畫中人已經坐在凳子上了。

古時席地而跪,是因為沒有椅凳。而「椅」,原本也不是托臀的家具。《詩經》有「其桐其椅」的詩句,椅應該是木名,對此,漢代許慎在《說文解字》裡認定「椅,梓也」,椅其實是梓木。由此可見,及至漢代,人們尚無坐椅凳的習慣。古籍所說的「椅子」始於唐代,源於自西方而來的胡床。

南北朝,椅凳已進中原,不過,那時的椅凳無名,仍被以「胡床」統稱,比如詩聖杜甫在〈少年行·七絕〉中寫道:「馬上誰家白面郎,臨階下馬坐人床。不通姓字粗豪甚,指點銀瓶索酒嘗。」白面郎下馬後便坐在了別人的床上,這也太沒有道理了,說不通,因此,杜甫所說的床應該是椅凳。白面郎下了馬,坐在別人的椅凳上,這是說得通的。

唐宋以後,椅凳普及了,並且有了專用的稱呼。唐之前,除了木名,「椅」還有另外一種解釋,即車的圍欄,這也是人們將椅子做此稱呼的原因之一。

椅子自西方而來,那麼,它的發明者是誰?這一點,難說,不過七千多年前的古埃及人已經坐在椅子上了,這一點,從考古發掘出土的古埃及時期的文物中便可以看到。

堂屋,坐北朝南,桌子的東西兩側,兩把椅子,主人在左,
所謂上手,客人在右,謂之下手,這是規矩。

龍椅,這種只有皇帝的屁股才能親吻的椅子,
即便是原本不怎麼把龍當回事的大清天子,為了這把椅子,也會骨肉相殘呢!

這把黃梨木做的椅子據說身價超過了百萬。

曾經在古時候很普及的馬桶。從外形上看,馬桶僅比墩多了一個提把,馬桶與墩有沒有內在的關聯?
據悉,尚無學者探究過這件事。

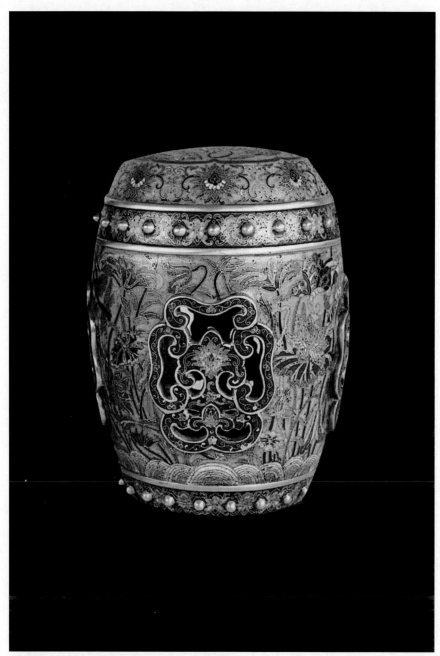

墩，沒椅圍，眾人圍坐的時候，肩並著肩，愈顯親近。

　　關於東西方文化的差別，有一點的反差是很大的，那就是拉屎的方式。在古希臘，貴族各自坐在中間挖了個洞的椅子上，喝酒聊天吃水果，椅臀間，排泄物透過椅洞流落進糞池，而同時期的東方人呢？蹲著。民間有這麼一個傳說，春秋戰國時期，一日，晉國國君晉景公腹痛難忍，忙去如廁，未曾想，失足跌進糞池，悲壯地被自己的和嬪妃們的排泄物嗆死了，試想一下，如果晉景公也能坐在如同當今沖水馬桶的坐便器上，悲劇就不會發生了。

古人怎樣上廁所？

孔夫子、秦始皇、漢武帝都是偉大的人吧？您知道這幾位上完廁所要怎麼淨身嗎？蔡倫，就是發明了紙的那位太監，東漢人，比孔夫子、秦始皇、漢武帝晚了好長時間，試想一下，沒有紙，這三位頂尖的偉人排泄完了，好像也有點尷尬。

關於去廁所這件事，國際上專門設立了一個節日，名曰「廁所日」，時間定在了每年的十一月十九日。

其實，無論什麼日子上廁所都得照

漢梁王墓裡的廁所。古人相信「事死如事生」，人死後會到另一個世界開始新的生活，因此，廁所也是不能少的。

舊，就和幾千年前的祖先們的一樣。祖先解決內急的地方，就是院子裡面的豬圈，人的排泄物之後成了豬的點心，絕不浪費。

雖說古人早就懂得了上廁所得有專門的去處，但是，總體說來，他們對廁所是沒那麼講究的。這麼說吧，因陋就簡是古人修建廁所的一貫原則，要不然前面提到過的那位栽進糞坑被淹死的晉景公，也不會遭遇這種世界歷史上都絕無僅有的悲劇了。

漢代陶廁。廁所的修建是人類文明史上的一次偉大的革命，
至此，人類才真正告別了動物的概念，享有了屬於人類自身的生活方式。

吃喝拉撒，是人生必須，吃飽了，就該輪到拉了，也就必須上廁所方便一下。那問題來了，對於上下的「上」字，我們都知道，用處太多了，上書、上學、上班、上樓、上車、上藥、上弦……不過，在講吃喝拉撒的時候，我們的習慣說法為什麼是下館子、上廁所呢？吃飯是「下」，去廁所方便卻要「上」？上與下，表象上的差異，有可能是古人接受了晉景公的教訓，痛定思痛，要強化安全意識的一種表現吧！

話說劉邦當上了漢皇帝以後，就是改不掉當初的市井惡習。《史記》上記載：

有一次上朝，劉邦的肚子突然發脹，憋不住尿了。堂堂天子，情急之下把身邊大臣的官帽摘了下來，當著滿朝文武的面，就是一通狂尿！大臣的官帽成了大漢開國皇帝的尿盆。

劉邦用大臣的官帽當尿盆實在不雅，但上朝的天子如果內急，強憋著傷了龍體可是關乎國家大事，怎樣才能既不令皇帝難堪，又不失天子龍威呢？

有的大臣想出了一個主意，每逢上朝，派專人提著尿壺藏在龍屏後面候著。不過，皇帝貴為天子，將其撒尿的工具叫作尿壺，顯然也是有失龍顏。將皇帝的尿壺叫作什麼好呢？

後來，有個叫李廣的將軍，射殺了一隻臥著的老虎，李廣讓人仿照臥虎的樣子做了一個尿壺，以示對猛虎的蔑視，李廣替這個臥虎狀的尿壺起了一個怪怪的名字，叫作「虎子」。

李廣的叫法啟發了朝臣其他官員。從此以後，皇帝的尿壺就被叫作虎子了。

漢朝以後，王朝更迭，虎子始終是歷代皇帝都離不開的東西，不過，到了唐朝，虎子這個名字不能再用了，因為唐朝皇帝有一位叫作李虎的先祖，李虎、虎子，忌諱。忌諱是古時的一種傳統——總不能往祖先的嘴裡撒尿吧？

老虎畢竟是老虎，陽具垂放到裡面就不怕老虎咬掉嗎？此種行為透露著對老虎的蔑視 —— 把尿壺叫作虎子，這裡有沒有李廣更深層次的想法呢？比如說，以此來發洩對權貴的不滿？

於是，虎子被改了名，叫作「馬子」。再後來，馬子被改成了不只能小便，大便也可以用的形狀像桶的東西，經過改良的馬子俗稱為馬桶，而且，很快就普及到了民間。

關於馬桶，還有幾個小故事：

當時宋軍打進四川滅了後蜀，將後蜀皇帝的寶貝全部地搬進了自家皇宮。宋朝皇帝趙匡胤從中挑選了一個鑲滿了瑪瑙和翡翠的罐子，每天都捧在手裡把玩。一天，一個被皇帝留下供自己享樂的後蜀妃子看見趙匡胤將罐子攬在懷裡，連忙說道：「這可是後蜀皇帝的尿壺呀！」

聞聽此言，趙匡胤頓時目瞪口呆，但他畢竟是皇帝，急中生智替自己找了個臺階：「用這等尿壺豈有不亡國的道理！」說罷，趙匡胤將尿壺狠狠地摔在地上。

我們再聊一個典故：

秦始皇統一六國後，提出了一項重要的政治舉措，就是向東部轉移大量的老百姓，叫作支援東部。

老百姓背井離鄉、故土難離，為了防止他們逃跑，士兵們將老百姓的雙手綁在身後。被押解的人半路想要排泄，士兵們只得暫時將他們的雙手解開。

這就有了後來我們將上廁所叫作「解手」的說法。

當人類還處於居無定所的時候，大地就是廁所，內急來臨，就地解決。定居生活出現後，文明開始萌發人類懂得了羞恥，再說了，隨地大小便，臭氣熏天，住著也不舒服。於是古人在聚落的旁邊挖個坑，豎起了圍欄，拉屎撒尿有了專門的場所，廁所就這樣誕生了。因為當時的廁所都是茅草搭建的，所以，方便的地方也被叫作「茅房」或者「茅廁」。

前面我提到蔡倫發明了紙，使得我們上完廁所後可以愜意地淨身，蔡倫的這項發明對每個人來說都具有「革命」性的意義。

是時候回答我前面提到的問題了。在唐宋之前，人們方便完了用的是一種叫作「廁簡」的木片或者竹片來淨身，因為東漢蔡倫發明的紙，直到唐宋時期才普

及。《南唐書》上說，南唐皇帝李煜特別信仰佛教，為了表示自己的虔誠，李煜親手為廟裡的和尚削廁簡，而且每次削完廁簡都要在自己的臉上擦拭一下試試有沒有毛刺。這個李煜，絕對可以說是歷史上一位偉大的皇帝 —— 他發明的女人裹小腳風靡了上千年呢。

一千八百年前的胸罩

遠古時期，很多自然現象是人們不懂的，比如女人胸前的兩堆肉為什麼會流出清甜的汁液？而且，新生兒對著它吸吮以後就會長大？古人感到好奇，於是，女人的乳房被視作了神物，這恐怕就是古人崇乳習俗的由來。

西方人視乳房為聖物，東方人將乳房看作實物，實用之物，以至於儒、道兩家的著述中都見不到關於乳房的記載，而目前能見到的對乳房的描寫全都集中在了非嚴肅性文學裡，比如《金瓶梅》：「攤開羅衫，露出美玉無瑕……緊就就的香乳。」

上面是甲骨文「乳」，它的象形是一女子正在哺乳。下面是楷書「乳」，吃奶被引申為女人的乳了。

非洲石雕，巨乳，透著原始，彰顯著原生態的美。

關於乳房，《聖經》裡有這樣的描述，男人將要受命享受女人的乳房之前，神父會對男人說：「要喜悅你幼年所娶的妻……願她的胸懷使你時時知足。女人的乳房讓你享受，但你必須永遠珍惜它，不可以因為女人的年老色衰，不再珍愛自己妻子的雙乳。」神父還告誡將要步入婚姻殿堂的男人：「從此以後，不可以抱另外女人的胸懷，只有這樣，上帝才會賜予你多子多孫。」

東西方文化對乳房重視程度上的差異，還展現在繪畫和雕塑中。裸體藝術在西方一直是藝術家們創作的重要題材，這一點，東方幾乎沒有。傳統的人物畫中，女性身體基本上虛化於服飾的包裹，裙褶、長袖和飄起來的衣帶以及勾勒它們的線條所形成的飛動之勢，呈現出的只是臆想中的胴體。東方的雕塑除了早期的生殖崇拜物，也沒有裸體的存在。

歐洲文藝復興絕對稱得上是文化的「革命」，這其中，性文明衝破了宗教的束縛，變得大膽而張揚。這一時期，乳房成了藝術家們的熱捧，於是，袒露著雙乳的豐腴胴體被搬出了藝術家的創作間，搬到了街頭巷尾。歐洲的藝術家們可以如此肆無忌憚，還是要感謝史無前例的文藝復興打破了數千年來桎梏性的枷鎖，喚醒了人們對肉體歡愉的渴望與追求。

前幾年，學者們在內蒙古對一座草原貴族的大墓做考古發掘時，有了一個重大的發現——墓裡出土了一個女性胸罩。大墓距今有一千八百年，這個胸罩是世界範圍內迄今發現最早的女性內衣。該胸罩由棉布製成，從胸罩的尺寸來看，胸罩主人的胸圍很大。戴上胸罩，女人被徹底解放了，無論騎馬射箭，還是狩獵勞動，都不必再嫌雙乳礙事了。起先，草原女性用布將乳房纏起來，時間久了，有人覺得每次纏布太麻煩，基於這種考量，有人縫製了兩個圓圓的口袋，並將它們連起來，套起雙乳，就這樣，胸罩被發明了。

印度神像。扭曲的腰身，神亦性感。

古滇國的漆木跪坐女，適齡女子的前胸平平的。

古時曾有「乳翁」的習俗，將男人多乳或者乳房大視為大吉。

不過，將鯀與禹的歷史背景研究一下就能理解古人為什麼這麼偏執了。鯀與禹所處的時代恰是母系社會向父系社會轉變的時期，為了取代女人在社會生活中的主導地位，古人則編撰出了禹為鯀所生的故事，故事的關鍵點在於，不只女人能生孩子，男人也可以，離開了女人，男人照樣可以繁衍下一代。既然鯀能生禹，就必須具備生殖器官，於是，鯀就有了哺育禹的乳，禹是喝了鯀的奶長大的。

禹不像鯀，外出治水，還是找了個女人做老婆，為禹生了一大堆孩子，或許，禹時，男人們已經成了社會的主導，無須再為跟女人爭權操心了，所以，不用再自己生孩子了。

上面是甲骨文「且」，即男根的原字。下面是祖器，即男性生殖器。歷史上崇拜男根的習俗很盛，但沒看見過對男乳崇拜的實物。

玄武門兵變，李世民殺了哥哥和弟弟，逼著父皇讓出皇位以後，總覺得心裡不踏實，於是，上演了一齣吸吮老爸乳房的鬧劇。堂堂太宗「跪而吮上乳」的舉動令人看來實在滑稽可笑，但此舉，據說還真讓老爸感動得熱淚盈眶。

不只如此，全國人民也被他的舉動感動了，這是為什麼呢？因為，「食父乳」的觀念在當時的民間相當流行，有民謠為證：「始興王，民之爹。赴人急，如水火。何時復來哺乳我？」男人為一家之主在當時是絕對的，就連原本全是女人的勞動功勞也被男人貪占了。

任何一種風俗都是從祖輩那裡承接下來的，鯀時，男人生孩子，被稱作「產翁」，當男人至尊的社會地位被確定以後，男人不再裝模作樣陪著待產的老婆，並齜牙咧嘴地裝著疼痛了，男人們由「產翁」過渡到「乳翁」，而這時，哪位男人要是多長幾個奶頭或者長一對大乳房，就會被視作大吉，於是，就有了崇男人乳的習俗。

古人為什麼對「且」感興趣？

　　上一篇文末，我說到了「且」字，在古人心目中，「且」是有神性的。那麼「且」有著怎樣的神性？說來話長，這麼說吧，「且崇拜」跟性有關，根源在於對女性生殖器的崇拜上。

　　遠古先民崇敬女陰，早已有之。先民們認為，女人的生殖器是生命之門，女性掌控著生命的出口，女性是生命的主宰，因此，當人類由舊石器時代跨進新石器時代之際，族群是由女性主導的，大小事都是女人說了算，就連專門與神溝通的巫也都是由女人擔任。

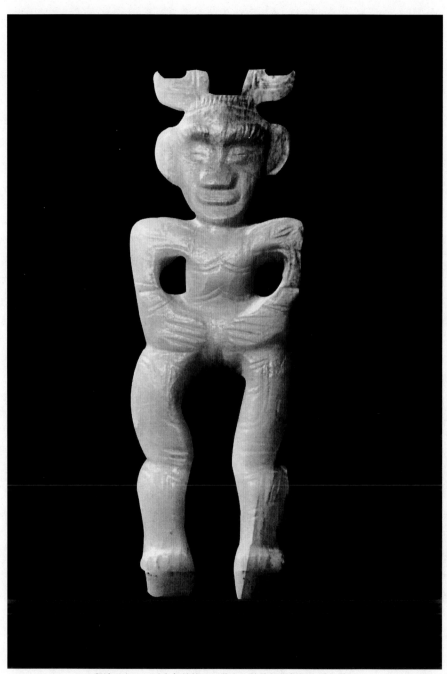

殷墟玉女。三千多年前的工匠將女人的陰部刻劃得細緻入微。

　　古代為什麼會有女媧搏泥造人和女媧補天的神話傳說？為什麼偏偏是女媧創造出了人，並且恢復了人賴以生存的家園、而非男人主導這件事呢？這正是由女性的主導地位決定的。女性是生活的主角，人們信奉的造物神自然也就是女性，而且，女媧搏泥造人一開始造的都是女人，後來才覺得不對勁，又捏出了男人。

　　後來，古人發現，僅憑著女陰，沒有男女的交媾，女人的肚子根本大不起來，就不會生出孩子。於是，有人（大多是男人）對女人的主導地位產生了質疑，剛好在這個時候，隨著自然資源的日漸匱乏，食物的索取越來越艱難了，男人在生產中的作用日漸突出，千辛萬苦捕回來的獵物，誰該吃多少，如果還是在家裡帶孩子的女人說了算，男人就會有怨氣，有可能回來的路上就把獵物吃了。

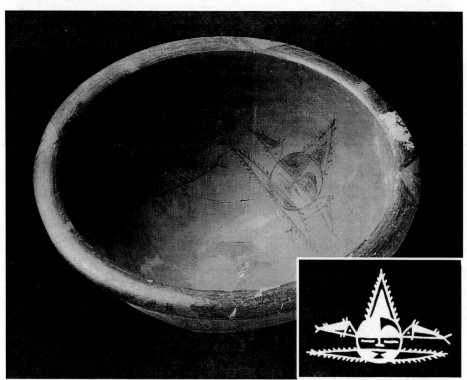

出土於西安半坡遺址的人面魚紋彩陶盆。在象徵著人面的嘴的左右位置，各有一條變形的魚紋，組成女陰圖，象徵著一種說法 —— 女陰崇拜。

人和動物在生理上的要求都是有限的，但心理上的要求動物是有限的，人卻是無限的，這就是人和動物的根本區別之一。比如公狼的地位低下，捕獲到了獵物，必須先給首領母狼享用，待母狼吃飽了，才輪到公狼進食，對於公狼來說，只能忍氣吞聲，因為狼的心理要求是與生俱來的、是被限定的。人就不同了，男人認為自己辛辛苦苦捕獲來的獵物，該吃多少為什麼總是女人說了算？不斷的不平衡，使心理上產生衝突，是人類脫離動物的內因，促就了人類的進步和社會的前行。在這種心理因素的作用下，久而久之，男人說話的聲音大了起來，為了生存，女人漸漸地讓出了話語權，男人成了族群裡的主導。

出土於新疆呼圖壁縣的男根女陰石雕，出自三千年前遊牧民族之手。從左邊看，妙齡女性溫婉、稚萌、敦厚，下半身是被極度誇張了的女陰；另一邊是粗壯的、勃起的男根。

身為主導的男人不僅在食物的分配上說了算，更重要的是在精神層面上也有了決定權力。男人斷定，男性是生命的播種機，女性只是接受種子的開口和孕育生命的土地，因此，男性才是生命的本源。於是，對男性生殖器崇敬取代了對女性的尊崇，「且」成了古代先民性崇拜的主角。

那麼我們就來說說男性的性崇拜。嚴格地說，古時人們崇敬的「且」就是男性的生殖器。

「且」，最初的本義是男性生殖器。古人認為男性生殖器與祖先相通，所以將「且」視作先祖。遠古時，人們信奉的神幾乎都是由死去的祖先擔任的，所以先人們得出這樣的一個邏輯：「且」象徵著祖先 —— 祖先是神，進而「且」也是神。

既然「且」有神性，當然會被人膜拜。反過來，「且」就得「為民服務」，不過，「且」是怎樣服務於民的呢？

看看後兩頁那幅古滇國祖形柄銅鏟圖，鏟乃勞動的工具，鏟柄被做成了「且」的模樣。「且」是交媾的工具，勞動以獲取食物，交媾以延續後代，將兩類「工具」組合在一起，意在告誡子孫，勞動和交媾是滇人得以延續的根本。

仰韶文化舞蹈陶盆。盆上畫著一群男人手拉著手，誇張的生殖器擺動在腰間。

三千多年前商代甲骨文「高祖」，「高」字由頭戴著王冠的鳥和男性生殖器組合而成。在商代人看來，鳥和男根是一回事。

076

男人的「且」成了性膜拜的主角，「且」的能耐到底有多大？古人聯想到了鳥，鳥的生育能力令遠古人羨慕，人們幻想著能像鳥生蛋那樣多生孩子。三千多年前的商朝有「天命玄鳥降而生商」的說法。於是，「且」就被賦予了鳥的神性。

現如今，中原地區的老百姓將男性生殖器叫作「鳥」或者「家雀」、「小雞雞」，這都是對祖輩信念的傳承。

「且」是性命攸關的寶貝，沒有了「且」，人身上的具有「神力」的器官就沒了。每個男人，除了意外丟了「且」的，以純生理學的角度來說，都有使用「且」的本能，但恰如原野中的鹿、馬等動物，發揮「且」的功用，是要拼了命爭取的。而人呢？想要最大化地發揮「且」的功用，原始時期比的是力氣，當然還有智力。公馬、雄鹿拚殺交配權，在於雄性荷爾蒙作祟，為的是自己後代的延續，男人爭取「且」的使用權不僅是生理刺激，還在於慾望的滿足。就交配來說，動物是有節制的，而人沒有。進入到階級社會以後，尤其是到了封建社會，三宮六院、七十二妃子外加三千佳麗，通通為皇帝獨享，偉大的漢武帝就曾說過「飯可以不吃，但女人不能沒有」，女人是用來做什麼的？當然是為皇帝發揮「且」的功能的。皇帝的「且」造就出來的是皇家血脈，皇家血脈絕對不能被玷汙，可是，問題來了，皇宮裡不能沒有做體力活的男人，為此，古人發明了一個兩全其美的辦法——將男人的「且」割去，於是，偌大的皇宮充斥著三種人：男人、女人、不男不女的太監。

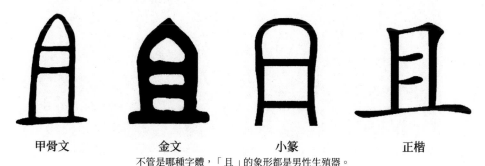

| 甲骨文 | 金文 | 小篆 | 正楷 |

不管是哪種字體，「且」的象形都是男性生殖器。

古滇國祖形柄銅鏟。將銅鏟的手柄做成「且」，勞動與交媾被放在相同的位置上。

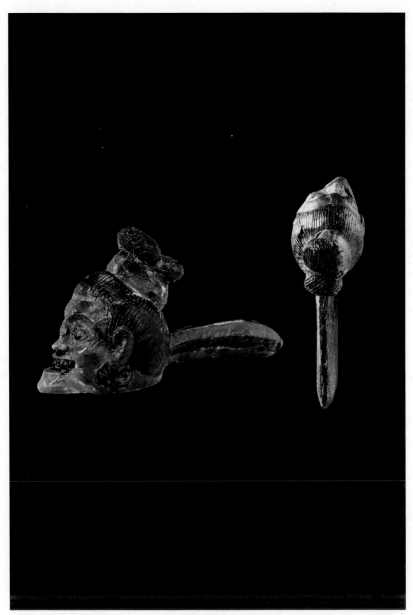

古滇國人頭形漆木祖。

關於太監的來歷，在這裡有必要說一下，古人發現，人沒了腦袋就得死，可是少了「且」照樣能活，這一點，早在三千多年前的商代就發現了。商代人將死去的先祖敬作神，而且都是有功能的神，有掌管征戰的、有掌管農耕的，當然了，也有掌管生育的。祭祀管生育的神，當然要進獻相對應的物件——割下犧牲品「且」，結果呢？一些被割去了「且」的戰俘並沒死，這件事啟發了商代人。於是，一些留著當內宮役使的人被割去了「且」，這麼一來，內宮徹底「安全」了。

商代人還從對人的閹割中得到了啟發，割去戰馬的睪丸，沒了交配功能的戰馬在拉車的時候就不會因發情而相互撕咬。再後來，商代人乾脆將公的牛、羊、豬也閹割了。被閹割了的牲畜性格溫順了，長得也快多了。

直到清朝滅亡，數千年來王朝更迭，朝代變遷，沒了「且」的男人始終是皇宮裡的重要骨幹，有些時候甚至成了歷史遞進的導師、改朝換代的禍首，究其原因，被割掉了「且」的太監會生出嚴重的心理扭曲，而這種心理扭曲的太監掀起的是非往往是驚濤駭浪的。縱觀歷史，明朝的太監干政最為嚴重，而且出了不少大名鼎鼎的攪亂朝綱、禍國殃民的大太監，比如魏忠賢。

被割去了「且」不是件光彩的事，因為貧寒甘願去勢的人，會將割掉的「且」很珍重地保存起來，比如清朝時期，有人會將離身的「且」油炸了以後用紙包好，掛在自家房梁上，謂之「高升」。日後此人去世，下葬時，「且」是要被放在壽褲的襠裡的，名曰「全身而葬」。

古代有一種刑法，叫作「宮刑」。漢代的法律是這樣規定的，如果犯人犯了死罪，只要自己提出來割掉「且」就可以免死，比如司馬遷就申請將殺頭替換成割去「且」的刑罰。被割去「且」的司馬遷發奮著書，完成了歷史巨著《史記》的撰寫。

由漢律可以得出這樣的訊息：漢代，頭與「且」是同等重要的。

古代人膜拜「且」，外國也有這類習俗，比如日本就有一個「元陽節」。過節那天，人們會圍攏在一根巨大的「且」前，對「且」許下各自的祈願。

皇帝重視骨血的純正，老百姓亦是在意香火的傳承，所謂「不孝有三，無後為大」，想要有後，唯「且」擔責。

「且」在傳宗接代上造成了決定性作用，因此，男人對「且」珍愛之極。

殷墟車馬坑與清代被閹割了的男孩，坑裡的馬也是被閹割了的。閹割術的發明，提高了生產力，但也鑄就了一段畸形的「文明」。

「鹽」才是最有味的調味料

天底下，什麼東西最有味道？蜂蜜？辣椒？八角？都不是，要我說，是鹽！
講兩個故事，先說一個我的親身感受。

二〇一六年，我在新疆做田野調查。

戈壁灘寸草不生，中午的地表氣溫高達五六十度，晚上的氣溫低於零
下，因此，帶足補給品是必需的。

負責採買的是宣傳部的一個小男生，臨出發前，他根據專家們的提議
足足準備了兩天份的補給品。

進入戈壁灘以後，充足的桶裝水令大家並沒有感到戈壁酷熱的煎熬，
到了晚上，大隊準備了大鍋，煮自帶的已被煮得半熟的羊肉。

但在要加調味料的時候，大家尷尬了，什麼都帶齊了，唯獨沒帶鹽！

本次的行程，計劃耗時四天橫穿戈壁，十幾個隊員硬是吃了四天無鹽
的羊肉。

回到城市裡，大家找到一個小餐廳，隊員們不約而同地叮囑廚子，炒
菜時多放點鹽。

鹽

「鹽」字，器皿、鹽滷，加上大臣。漢武帝以後，歷朝歷代，對鹽的開採與販運全歸國家所有，任何人偷運食鹽都是要被治罪的。因為歷代王朝都把持著鹽的開採權和販賣權，沒有了對鹽的控制，國家也就完蛋了。

再講一個故事。

在大清的時候，有一天，慈禧和李蓮英議論起什麼調味料最有味道，李蓮英說是鹽，慈禧說：「胡說！」李蓮英不敢爭辯，但這個人極有心計，跑到御膳房吩咐眾廚子：「今日的菜什麼調味料都放足，唯獨不許放鹽。」

用膳的時間到了，上百道菜依次端到了老佛爺面前。慈禧品嚐了幾道菜以後，氣哼哼地問：「今天的菜怎麼這麼難吃！」李蓮英趕忙跪地解釋：「回老佛爺，依您的意思，小的沒讓御廚放鹽。」

聽完李蓮英的話，慈禧沒怒反笑了：「你這個猴精！」

我再問您什麼調味料最有味？連老佛爺都承認了，是鹽。

您有沒有注意過，所有靈長類動物中，唯獨人類的皮膚是裸露的；所有靈長類動物都沒有皮下脂肪，唯獨人類有；所有靈長類動物的四肢和身體都呈「門」字形，唯獨人類呈「丨」字形。

人類的生理特徵與生活在水裡的魚倒是十分相近，而與自己的近親靈長類動物卻相差甚遠。為什麼會這樣呢？以我個人的拙見，人不是從樹上下來的，而是從海裡游上岸的，人脫離大海爬上陸地的時間沒有太長，估計也就數百萬年。

因為長期生活在飽含鹽分的海水裡，爬上岸以後，人類不像陸生動物那樣可以主動攝取食鹽，而是僅依靠食用動物肉、喝動物血獲取鹽分。大約一萬年前，人類懂得了農耕，農作物成了人類的主食。但是，和以前茹毛飲血從動物的血肉中攝取鹽分不同的是，農作物中不含鹽。不吃鹽，人就會渾身乏力，沒辦法，只好學著動物的樣子舔食鹽鹼。在人類懂得了主動吃鹽以後，奇蹟發生了，人的腦子突然變得聰明了，於是，偉大的發明接踵而至，人類真正成了地球的主宰。為什麼人類經歷舊石器時代耗費了兩百萬年，而新石器時代僅僅經歷了一萬年呢？就是因為懂得吃鹽了。再後來，人們學會了開採食鹽。

四千多年前，黃帝和蚩尤在涿鹿昏天黑地地打了起來，結果，黃帝打敗了蚩

尤。黃帝和蚩尤為什麼要在涿鹿拚命？就是為了爭奪鹽。有了鹽，黃帝掐住了各個部落的命門，誰不聽話，就不給誰鹽。於是，天下歸順了黃帝。部落間的聚合最終形成了國家，可以這樣說，是鹽開創了歷史，開啟了文明。

伯樂相馬的故事，大家都知道，但伯樂相的是什麼馬您知道嗎？

話說春秋戰國時期，在山西古鹽道一支運鹽的商隊正在艱難地前行。

隊伍中間，一匹瘦馬吃力地拉著鹽車。拉鹽車的瘦馬引起了一位老者的注意。這位老者對領頭的馬伕說道：「那匹瘦馬我想買下來，您出個價吧。」

馬伕見有人想買拉鹽車的馬，頓時來了精神，馬伕馬上就開了價。見老者將錢給了馬伕，一個同行的夥伴偷偷對老者說：「大爺，這匹馬值不了那麼多錢。」

老者像是沒有聽懂他的話，撫摸著瘦馬。

這位老者就是大名鼎鼎的伯樂，而這匹瘦馬實際上是一匹千里馬。伯樂相馬，相的是拉鹽車的馬。

一八六七年，美國人打出了一口一百六十八公尺深的鹽井，此事一經公布，西方世界為之震驚。

兩年後，有個西方傳教士來到東方，傳教士驚呆了。他看到林立的井架高聳入雲，牛拉的鑽頭日夜不停地轉動著。傳教士找了繩子，隨便找了一口廢棄的鹽井，足足花了一個星期，才測出廢井的深度 —— 一千兩百九十一公尺。

傳教士問鹽工：「這口井是什麼時候打的？」

鹽工說：「宋代。」

傳教士又問：「宋代距今天多少年了？」

鹽工說：「很久了，我爺爺的爺爺、爺爺的爺爺、爺爺的爺爺⋯⋯」

傳教士嚇呆了，他深深地意識到西方世界為美國人打出一百六十八公尺深的井感到震驚這種事，簡直就是個天大的玩笑，因為東方人比美國人早了上千年的時候，就打出了上千米深的鹽井。

鹽井畫像磚。宋代時期，人們就打出了一千兩百九十一公尺深的鹽井。

人類離不開鹽，沒得吃或者吃少了就會渾身沒勁，什麼也做不了。古時，鹽對於一個國家來說，關乎著政治命脈。

牢盆，漢代遺物，出土於四川省蒲江縣。
考古發現，因為有天然的鹽池，由漢至唐，蒲江一直是巴蜀的經濟中心。

古羅馬士兵對外征戰，立功的獎品就是鹽。因為鹽可以補充體力，提高士氣，從而強化部隊戰鬥力。士兵們打了勝仗，政權也就穩固了。

春秋戰國時期，管仲當上了齊國的宰相。和其他幾個大國比起來，管仲當宰相時的齊國並不富裕。管仲苦思冥想，思索出了徵收鹽鐵稅的辦法。因為有了對鹽鐵的稅收，沒過多久，齊國就變得富裕，成了稱霸一方的大國。

管仲的舉措啟發了歷代統治者。自春秋戰國以後，鹽都是各個王朝最重要的稅收。比如說，北宋王朝國家的稅收中，鹽就占了百分之七十以上。

「中華特色」 —— 行酒令

　　酒能壯膽，可使人能耐看漲。比如武松，如果沒有十八碗老酒墊底，武二郎絕不可能有膽量爬上景陽岡，揮拳打死凶殘的老虎。

　　猜拳能使酒量見漲，據說，如果您僅有一杯的酒量，只要敢捲起袖子擠進猜拳的人堆裡，保證您能灌進十倍的酒。猜拳、行酒令，就是喝酒時約定的規矩，這純屬東方特色，不過，這個獨有的特色是什麼時候有的？又是由何而來的呢？

　　我的同行們曾經在距今八千年的河南舞陽古代遺址裡發現了制酒的跡象，這是迄今發現的古代最早的制酒的佐證。

　　古代人發明制酒、學會喝酒的歷史至少有八千年了，那麼，酒是怎麼被發明出來的呢？有人說，酒是神賜予人的，是用來調劑、改善人們生活的聖物，理由是，世界上所有文明在起源階段，人們都會不約而同地發明釀酒、學會喝酒。依我看來，神賜說是不可信的，酒的發明應該是源於生活的巧合。

　　設想一下，遠古時期，有個人將沒吃完的食物放進陶罐，藏在了潮溼的樹洞裡，幾天以後，當這個人取出藏在樹洞裡的食物時，發現食物散發出了一股濃烈的清香，這人將變了味的食物連同陶罐裡的液體吃下肚以後，臉發燒、頭發暈、腿發軟，精神恍惚，飄飄欲仙，於是，這人有了靈感，索性將無意中的發明繼續下去，就這樣，古人發明了酒。

到了三千多年前的商代，上至國王，下至百姓，舉國上下全都嗜酒如命。

《史記》上說，商紂王「以酒為池，以肉為林，使男女裸，相逐期間，作長夜之飲」，帶動了全社會的飲酒之風。商紂王命人挖了一個大酒池，在酒池旁邊掛上用肉組成的林子，讓男女光著身子在肉林中追逐，整夜都在喝酒。相傳，商紂王命三千多名官員跪在大酒池旁邊「做牛飲」，就是像牛一樣俯下身子趴在池子邊飲酒。

這段話提供給我們一些訊息：

其一，商代，或者說到了商末的商紂時期，酒已然成了王公貴族們的生活必需品；

其二，三千多年前的商代，大規模的農耕使得農作物的種植可以確保人們不再挨餓了；

其三，整日暢飲，舉國嗜酒，商人喝的酒不可能有很高的度數；

甲骨文「酒」、「既」、「醜」。
「酒」在甲骨文裡是酒具的象形；
「既」是一個人跪在酒具前回頭張望的象形；
而「醜」，酒喝多了，變成鬼了，就醜了。

殷墟婦好墓。商紂王「以酒為池，以肉為林」帶動了全社會的飲酒之風。

其四，商王朝在商紂王手裡走到了盡頭，不得不說，酒精在其中扮演的是「促進」作用。

商代王妃婦好，其大墓中的隨葬器物有一大半是酒具，由此推測，婦好可能是一個愛喝酒的人。身為王妃，這般喜歡喝酒，可以想像商王朝的男人們的酒量肯定都不差。商代的王公貴族死的時候都會有大量的青銅酒具隨葬，窮人呢？

再怎麼樣也得放一對陶制的酒具陪伴在身邊吧，相信「事死如事生」的商人，整日離不開酒，死後，到了另一個世界當然也是不能缺酒的。

一九九四年夏天，我在發掘前掌大商代墓葬。

中午開工，為了文物的安全，考古隊長讓我將剛剛出土的青銅卣抱回基地。當時我們坐的車是後開門的吉普車，顛簸的路面令車上的考古隊員們左搖右晃，我緊緊抱著青銅卣生怕有什麼閃失。這時，幾乎是在同時，車上的人聽到了卣內傳出來的「嘩啦、嘩啦」液體流動的聲音。忽然，坐

在前排的考古隊長說話了：「你是不是又喝酒了？」我回答道：「喝什麼酒呀？工地上哪有酒喝呀！」考古隊長又問：「沒喝酒哪裡來的酒味？我敢打賭，你們幾個肯定喝酒了！」因為真的誰也沒沾過酒，於是，眾人來了興致問隊長：「賭什麼？」隊長說：「賭什麼？賭酒，我要是輸了，晚上我自罰三杯！」聽到隊長的「誓言」，眾人七嘴八舌，商量起了晚上怎麼整治隊長，就在這時，有個考古隊員喊了起來：「別說話！車裡有股味道！」經他這麼一說，大家靜了下來，仔細聞，車裡的確飄著淡淡的酒香。接下來，你看看我、我看看你，突然，大家不約而同地將視線集中在了我懷裡的青銅卣上。

回到基地，青銅卣被保鮮膜裡三層、外三層地包了個嚴嚴實實。當晚，賭輸了的考古隊長自罰了三杯，當然啦，所有考古隊員也沒閒著，痛飲！

工地發掘完成，青銅卣裡面的液體被提取出了少許，經檢測，真的是酒，三千多年前的酒啊！

喝酒，壯膽，膽子大，賭性就大，酒與賭本是孿生，同根同源，當然了，考古隊長的賭是另一碼事。

商人好酒，嗜酒如命，也因酒誤國。周在滅了商以後，記取了商的教訓，發布了〈酒誥〉，並勸誡老百姓少喝酒，但是，令後人不可思議的是，禁酒的周人卻發明了酒令。

周代，不管做什麼都講究禮數，所謂「悠悠萬事，為此為大」，就連喝酒，周人也沒忘了按照禮數推杯換盞。為了規範喝酒的秩序，周王朝還專門設立了「掌酒之政令」的叫作「監」、「史」的酒官。在酒席上，你喝你的，酒官監督酒官的，如果有人膽敢趁著酒興違反規矩，也就是失了喝酒的禮數，就會遭到酒官的嚴懲。

漢初的《韓詩外傳》上說：「齊桓公置酒，令諸侯大夫曰：『後者飲一經程。』管仲後，當飲一經程，飲其一半而棄其半……管仲曰：『與其棄身，不寧棄酒乎？』」這段話的大概意思是，齊桓公制定了酒令，凡是喝酒落後的就罰一經程。經程是當時的酒杯，管仲喝酒落在了最後，應該罰喝一滿杯，管仲在喝了

半杯以後說：「寧可不要酒，也不願不要命。」《韓詩外傳》的記載顯然沒有了禮數，多了酒法的意味。

由禮數滋生出了酒法，由酒法衍生出了酒令，兩千多年前，春秋時期，酒令被堂而皇之地搬上了酒席。

到了魏晉時期，酒令走向成熟，智慧的古人們發明了許多賭酒的形式，如賭棋、曲水流觴。文人墨客們喜歡在酒席間賦詩，還定出了「或不解者，罰酒三斗」的規矩，如果做不出詩，就要罰酒三斗，以詩為令罰酒的酒令誕生了。

青銅卣，商代酒具，出土於山東滕州前掌大墓葬。內中的液態存留物引起了考古隊員的興趣與警覺。

青銅觚和爵。周人對商人因酒誤國相當警覺，但是，周人卻是原版地繼承了商人的酒具。

到了唐代，國力強盛，喝酒盛行，酒成了老百姓日常的飲料，酒令便日益成熟，人們發明了擲骰子、射覆、酒籌、酒牌、擊鼓傳花等酒令。相傳，有一次唐明皇和楊貴妃擲骰子賭酒。開始時，楊貴妃總占優勢，唐明皇被罰了許多杯酒，後來，唐明皇突然來了手氣，連贏楊貴妃數次，貴妃紅頭漲臉地喝了十幾杯。唐明皇大喜，授予骰子五品官階。對此，有白居易的詩為證：「醉翻彩袖拋小令，笑擲骰盤呼大采。」

清代，滿人入關，酒令隨著滿人的酒量達到了巔峰，從前的、眼前的，凡是看得見、聽說過的都可以拿來作為酒令，以助酒興。

酒令是華夏文化的一個組成部分，酒令將勸酒演繹成了娛樂和藝術的概念。「令」的本義是規矩，古人們連喝酒都定出了規矩，正所謂「無規矩不成方圓」，但是，幾千年過去了，具有東方特色的酒席規矩，卻沒能如造紙、印刷術、火藥那樣傳遍全球，推動世界文明的進程。

古代四大名著《三國演義》、《水滸傳》、《西遊記》、《紅樓夢》，哪部都離不開酒，而且，喝酒的規矩也不盡相同。

饕餮怎麼就變成「盛宴」了？

二十年前，我曾經問過幾個朋友，「簋」字怎麼讀，沒人知道。一年前，我再問幾個朋友，結果都說得出來，「簋就是大吃大喝？」「怎麼說？」我問。朋友說：「北京的簋街知道嗎？就是這個字。」說「簋」有大吃大喝的意思，我是不認同的，因為，「簋」是商周時期的一種餐具，而一些簋上刻劃著的饕餮，表意才是一些人說的大吃大喝。後來，我意識到了自己的說法也不盡然。

饕餮是什麼？

有一種解釋是古代神話傳說中的一種神祕怪物，對於其相貌和秉性的描述，《呂氏春秋》寫道：「有首無身，食人未咽，害及其身。」這句話的意思是，饕餮有腦袋沒身體，吃人的時候嚥不下去，害了自己。

蚩尤喜歡吃喝，正因如此，他的頭才被黃帝做成了足球。

說饕餮就是貪吃亦不盡然，那麼，饕餮到底是什麼？它又是由何而來的呢？

關於饕餮的由來，郭沫若先生曾說：「古蓋有此神話，而近失傳。」郭沫若認定饕餮本是神話，那麼，饕餮是一則什麼樣的神話呢？

饕餮被鑄在簋上，簋又是餐具，所以，簋就被現代人認作大吃大喝了。

有學者認為，饕餮其實是古時候的帝王蚩尤，做出這樣認定的根據來自《左傳》：「縉雲氏有不才子，貪於飲食，冒於貨賄，侵欲崇侈，不可盈厭，聚斂積實，不知紀極，不分孤寡，不恤貧匱。天下之民以比三凶，謂之饕餮。」這段話的大概意思是，古時候有個叫縉雲氏的人有個不學無術的兒子，這個兒子窮奢極欲，搜刮錢財，極其貪吃，而且，從不體恤窮苦和孤獨的人。相傳，蚩尤的先祖就是縉雲，所以，「不才子」指的就是蚩尤，饕餮就是蚩尤。蚩尤是古代傳說中的一位暴虐帝王，後來被黃帝所滅，為了發洩對蚩尤的憤恨，黃帝將蚩尤的頭割下來，塞上頭髮，讓士兵踢，據說，這是世界上最早的足球，那個說「足球是黃帝發明的」說法就是這麼來的。

對於饕餮的出處，《呂氏春秋》中另有說法：

雁門之北，鷹隼、所鷙、須窺之國，饕餮、窮奇之地……其民麋鹿禽獸，少者使長，長者畏壯，有力者賢，暴傲者尊，日夜相殘，無時休息，以盡其類。

書中說在雁門關外，有個地方叫饕餮和窮奇，這裡有個風俗，誰力氣大，誰脾氣暴，誰就能當首領。於是饕餮和窮奇這地方的人們不分晝夜地相互殘殺。依照《呂氏春秋》的說法，「饕餮」一詞源於西北的野蠻部落。

《山海經‧北山經》中關於饕餮的由來又是這樣說的：

「其狀如羊身人面，其目在腋下，虎齒人爪，其音如嬰兒，名曰狍鴞，是食人。」

殷墟婦好鴞尊側面。
鴞，也就是貓頭鷹，在三千多年前的商代，貓頭鷹是被尊作神靈的。
周滅了商以後，盡其所能詆毀商，貓頭鷹的名聲也被敗壞了。

商代鹿鼎。

商朝的時候，人們幾乎每天都要祭祀神靈，祭祀的時候要向神靈奉獻「犧牲品」，
被宰殺的牛、羊、豬以及人會被放置在青銅禮器內。

　　這段話的意思是，饕餮是一種叫作狍鴞的猛禽，長著羊的身體、老虎的牙齒、人的腦袋和手臂，眼睛長在腋下，叫聲如同嬰兒，專門吃人。

　　到了商周時期，饕餮常被鑄造在青銅器上，對此，《左傳》的解釋是：「投諸四裔，以禦魑魅。」青銅器是禮器，是可以通鬼的神器，在青銅器上鑄饕餮，為的是防禦魑魅，也就是魔鬼。

　　我們看看下圖這個良渚玉琮，它是一件五千年前先人們用作祭祀的禮器，琮體上刻劃著饕餮紋。可見祖先曾經是以饕餮為尊的，是一種圖騰。

　　許多年前，有人在南美洲的馬雅文明遺址裡發現了饕餮紋，這種屬於數千年前華夏古人的圖騰，怎麼會遠渡重洋成了馬雅人崇拜的對象呢？有學者推測，這或許是三千多年前，商王朝被周滅了以後，一部分殷人北上、東去，過了白令海峽，跑到了美洲，將饕餮崇拜的習俗帶到了那裡。幾年前，考古人員在安陽殷墟發掘出土過一個上百噸大船使用的石錨，如果僅僅是在內河航行，是無須百噸大船的。考古人員就此推測，早在三千多年前，人們就已經有了渡洋遠航的能力了。

良渚玉琮，琮體上刻劃的饕餮須用四倍以上的放大鏡才能看得清楚。
那麼五千多年前的良渚先人是以什麼工具、怎麼刻劃上去的？至今，仍是一個謎。

在青銅器上鑄造饕餮紋，一方面有抵禦惡鬼的作用，另一方面，青銅的餐具上鑄上饕餮，看著它或許有增強食慾的作用。

五千多年前，傳說中的炎帝教會了人們鑄造青銅器（至於炎帝是向誰學鑄造青銅器的，無以考據）。到了三千多年前的商代，萌生並根植於中原的青銅文明走到了它的巔峰時期。貴族們的餐具、酒具、炊具以及征戰所用的兵器，幾乎都是青銅鑄造的。考古人員在發掘商代全盛時期的王武丁的妃子婦好的墓穴時，從這座墓穴裡一共挖掘出了總重一千六百多公斤的青銅器。

有學者拿婦好墓中隨葬的青銅器做過對比，商代與婦好社會地位相當的族長們的隨葬青銅器數量與婦好的相同；比婦好的地位高一些的，例如商代的王后、王子等，隨葬的青銅器數量是婦好的兩倍；而商王隨葬的青銅器是婦好的三倍。當時商朝常年征戰，大量鑄造青銅兵器，商代在統治中原的五百多年間，鑄造的青銅器總量不少於萬噸，。

商王朝鑄造青銅器的動機原自他們的「國之大事，在祀與戎」的立國之本，除了一部分青銅被用作炊具和兵器，大部分青銅都被商代人鑄造成了禮器。

商人迷信「事死如事生」，前面我們說過，所以，死去的人生前使用過的青銅器都是要隨著墓主人一同下葬的。

禮器是用來祭祀神靈的，如果在祭祀神靈的時候，有惡鬼出來搗亂，就會壞了大事，這時候饕餮就要發揮作用了，因為它有抵禦惡鬼的本事，所以，商王朝以及後來的周王朝在鑄造青銅器的時候，常會把饕餮紋飾鑄造在青銅炊具、酒具和禮器上。

至於饕餮怎麼如今變成了大吃大喝的代名詞，這或許是原自饕餮有個吃起來全然不顧、擅長大吃大喝的形象，所以，人們用它來表示「盛宴」也就不足為怪了。

祖神性別知多少？

二〇一二年五月二十三日，內蒙古敖漢旗興隆窪紅山文化遺址出土了一尊陶人，聞訊趕來的近百位頂尖學者將這尊陶人尊為「中華祖神」，也就是中華民族的先祖之神。

事實上，「祖神」的出土經歷了一番有趣的曲折。二〇一二年五月，考古研究所在興隆窪做紅山文化聚落的考古調查。有一天下午，一位考古隊員撿到了一塊紅色的硬質陶片，陶片呈弧狀，像是陶罐破碎而掉下來的。因為這類陶片在興隆窪俯拾皆是，這位考古隊員沒有特別在意，便將陶片放在原地，他的想法是等回來時再細細查看。一個小時以後，考古隊員們完成了當日的調查，在返回基地的路上，按照考古的規矩，撿拾的這塊陶片的周圍情況也要做相應的探查。結果，一塊、兩塊……挖出來了十幾塊陶片，稍微拼湊一下，考古人員驚愕了，竟然是一張怪異的人臉。這時，天已漆黑，考古隊員返回了基地。第二天、第三天、第四天，考古隊員再到出土陶片的地方，考古隊員一共挖掘出土了五十六塊陶片，和一間顯示著典型紅山文化特質的居室。

上身寫實，下身寫意。兩肩高聳，身體前傾，動感十足。陶人表情張揚，神態誇張。雙眼圓瞪，青筋外露。

　　回到博物館以後，考古隊員徹夜未眠，一尊坐姿陶人被拼湊、黏接了起來。事情還沒結束，考古隊員進一步擴大了對出土陶人地點的調查。隊員們找到了出土陶人區域的「地主」，令人始料不及的是，該「地主」竟然是兩位智障兄弟，他們的妹妹也住在這個村裡，聽說考古隊員進了村，她和她丈夫就一起趕來了。原來，他們的父母在年初雙雙去世，家裡的幾畝地就由妹夫代為耕種。有一天，妹夫開來拖拉機破天荒地深耕了這片土地，結果，耕出了陶人碎片。

　　從復原後的陶人的口型來看，與蒙古族人唱呼麥時的口型完全一樣。有學者認為，呼麥源於紅山文化時期。說到呼麥，這是蒙古族的一種獨特的演唱方式。呼麥時，演唱者嘴裡發出低沉的「嗚、嗚」的長調，令人稱奇的是，低沉的長調裡飄忽著如同口哨一樣的高音，高音像是從頭頂發出來的。而且，高音的調子與低音絕不一樣。呼麥有著極強的穿透力，據說，唱呼麥的人能通神。陶人的口型如同呼麥，陶人似乎在感觸自然，紅山文化時期，神在天，在地，在萬物，感受自然，也就是在與神溝通。

　　不過與神溝通這種事，是由巫承擔的。紅山文化時期，巫是由王擔任的。特定的場合、特定的氛圍，巫端坐於臺，靜氣凝神。然後，巫瞪起雙眼，收腮、聳肩、弓腰，嘴裡發出低鳴。這樣的神態，既有助於運氣凝神，又能營造出詭譎的意境。

　　像此陶人就被當時的人們認定為既是王又是巫。既然為巫，那麼問題來了，古籍中記載：「在女曰巫，在男曰覡。」那麼此陶人是巫還是覡？也就是說，它

是女的還是男的呢？在考古過程中，幾乎所有的與會學者都認為此陶人屬男性，不過，也有例外，有些學者認定它是個女的。

陶人的胸前，從正面看，乳房很小，但是，當視角挪至陶人側身的時候，發現其乳頭圓渾，乳房微鼓。

古時，女人沒結婚之前，被稱為「女」；結了婚，就被叫作「婦」；生育後，被稱作「母」。

　　出土於遼寧喀左東山嘴紅山文化遺址的孕婦陶人肚子鼓鼓的，但未見鼓脹的乳房；出土於內蒙古通遼南寶力皋吐紅山文化遺址的孕婦陶人，肚子也是渾圓的，看著像要臨產一樣，但乳房也僅僅可見乳頭。或許當時的紅山人並不在意對女性乳房的張揚，因此，僅根據乳房的形狀認定陶人的性別屬性，是有待商榷的。

　　但是就陶人的這個姿態，其實是涉及了女性傳統的一種坐姿。甲骨文的「女」字就寫成一個人交手、屈腿坐下的姿態。在傳統的女性雕像中，表現出來的坐姿都是兩手交握的。

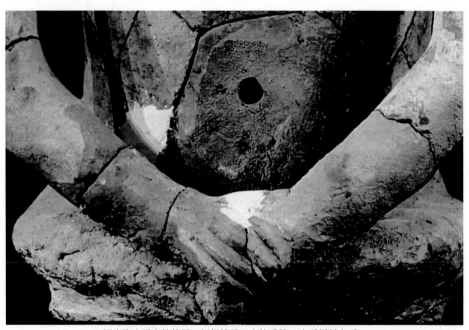

認定陶人是女性的另一個根據是，它的手勢：右手搭著左手。

　　如果將陶人視為女性，那麼嚴格地說，陶人應該是個「祝」。

　　陶人的表象符合「祝」的姿態特徵，而且是個女祝。古籍記載，男祝的雙手是垂放在膝上，女祝是雙手呈交握的姿態。

　　陶人到底是男還是女？是巫是覡，抑或是祝？堅持陶人是男性的學者們，掌握的證據同樣很有說服力。因為這尊陶人十分詭異、神奇，每個細節都值得揣

摩，比如陶人的髮飾。

商代，「國之大事，在祀與戎」。如果國家發生大事或者爆發戰爭，人們除了忙於各種祭祀，男人們幾乎都得上戰場，因為唯有男人才有資格穿戴這種青銅冑，如下頁圖。後世有一種叫作進賢冠的帽子，人們在設計上就很在意帽子上的「梁」。《後漢書·輿服志》中說：「進賢冠，古緇布冠也，文儒者之服也。自博士以下至小史私學弟子皆一梁。」「梁」撐著帽子，使這種儒者之帽愈顯典雅。

居中的「梁」是古人以「中」為尊理念的展現，陶人是這一理念的領銜者。紅山祖神頭頂上的「梁」不僅僅展現在髮飾上，還展現著尊貴。

甲骨文的「祝」，這個字的象形是祭臺前跪著一個張嘴大喊的人。祝也是古時事神的專職人員，事神時，祝大聲叫喊，以召喚神。

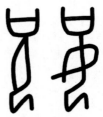

左半部分是甲骨文中表示的男祝，右半部分是甲骨文的女祝。陶人雙手交握，顯示著典型的女性特徵。

商代甲骨文的「女」，並沒有刻意強調乳房。與「女」字不同的是，「母」字的上身多了兩個點。「母」字上身的點，恰是對乳房的強調。

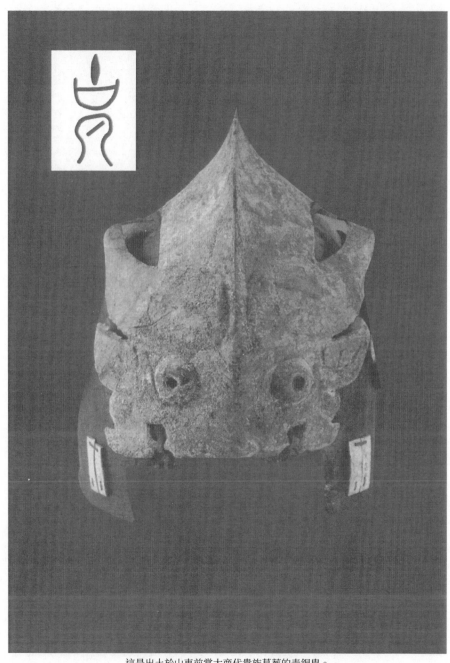

這是出土於山東前掌大商代貴族墓葬的青銅冑。

冑頂上的「梁」極其誇張。左邊的甲骨文「冑」字，上邊的一豎是對「梁」的強調。

這尊陶器出土於內蒙古通遼南寶力皋吐紅山文化遺址。
器型似一個孕婦，肚子渾圓，像要臨產一般，但乳房卻僅見乳頭。

這尊陶人起初被修復的時候，是缺少前額的，後來，經過實地挖掘，考古隊員找到了丟失的部分。令學者們興奮的是，新找回來的陶人前額殘件上貼附著一塊長方形的飾物。該飾物以玉為中，此裝飾是後世帽正的領銜，是迄今發現最早的「正」。「中」依循於「正」，「正」強化了「中」，中原、中華，都是以「中」為尊的理念的展現。

　　自古，人們將帽子稱為冠，戴起來相當講究。冠前綴著長方形的玉片，俗稱「一片玉」，謂之帽正。能戴上這種帽子的人，非男人莫屬。

　　一些學者認為陶人屬男性的另一個根據是，居於正中的、葬在大墓裡的人。就目前考古發掘情況來看，未發現過女性，所以男人在紅山文化時期已經占據了社會的主導地位，因此，在聚落遺址裡出土、以寫實方式製作的陶人，依據女性形象刻劃的可能性不大。無論陶人是男是女，它彰顯出來的祖神的身分特徵，是被學者們公認的。陶人猶如天塑，顯現著絕倫的美。

頭髮從中間的圓洞裡伸出來，然後在頭頂經過規整的盤繞，
由一根麻或者皮的繩子聚攏紮起來後，由左及右附於額前，中間是一道隆起。

出土於內蒙古巴林右旗的石人。石人的頭頂有一道隆起。古時，人們將髮辮或者髮飾稱之為「梁」。
石人與陶人頭頂上的「梁」剛好都在正中，這是以「中」為尊的理念的展現。石人的整體造型明顯展
現了男性的特徵。

仔細觀察陶人的頭頂，嘴巴、鼻子、耳朵，甚至肚臍都是通透的。有學者認為，通透是為了燒製所需，如果沒有這些孔，燒製的時候陶人內部的氣體會隨著溫度的升高而膨脹，進而脹壞器身。對於這一認定，多數學者不以為然，理由是，紅山陶器有些腹腔很大，開口很小，如果腹腔內的氣體會因溫度膨脹而脹壞器身，那麼，這樣的陶器是燒製不出來的。如果認定這些孔洞並非因為燒製需要，那麼，紅山人為什麼要製造它們呢？五千年前，久旱未雨，陶人被用來侍奉天神，因為古人認為陶人營造出來的氛圍，神祕而且詭異。祖先的靈魂從孔洞游離出來，飄忽在了生者中間。

　　五千年來，中華文明亙古不變、生生不息，原因在於人們世代保持著同樣的信念，這就是，祖先永遠是與生者同在的。面對五千年前的老祖先，當今的人們唯有敬重。

古代戰車之祕

　　在沒有車之前，人們用的轎子是沒有輪子的，需要靠人拖著或者抬著板子移動，既累又拉不了多少東西，這樣的運輸方式至少暢行了數千年。

　　我記得在安陽殷墟的車馬坑裡，有一具隨葬者的遺骸被葬在一輛戰車的車尾。死者僅有上身胸部和雙腿，中間肚子那節等部位到哪裡去了？為什麼隨葬者會受此酷刑？著實令人費解，畢竟跟著主人血戰疆場，卻死無全屍。對此有待進一步考證。

軲轆，考古發現，軲轆是居住在中東的猶太人發明。自從有了軲轆，人們出行不那麼累了。後來，軲轆傳入中原，傳說是在三皇五帝時代。

安陽殷墟，考古人員將這種將車馬同時下葬的葬坑稱作「車馬坑」。木質的車身在出土的時候，僅存痕跡，發掘的時候，根據痕跡發掘出車形。

紅山文化積石塚。葬於中心地點的死者，社會地位最高，離中心地點越遠的死者，社會地位就越低。

四匹戰馬拉著的戰車,等級最高。戰車上的打擊點僅有一支戈和一張弓,實際上,戰車的殺傷形式主要是衝撞,衝翻敵手的戰車,衝亂對方的徒步兵陣。

甲骨文「車」,有輪子、有車身,這是個象形字。

西元前六三二年，城濮之戰，晉國一次出動戰車七百乘。春秋末期，一些大的諸侯國，擁有戰車千乘以上。西元前五〇五年的柏舉之戰，各參戰國的戰車數也均在千乘以上。隨車步兵增加到了七十二人。

秦皇陵出土的御車俑，皆雙手平伸呈執握狀。能夠雙手駕馭並非易事，以至於孔子提倡的「六藝」亦有「御」，且排在了「書」、「數」之前。

西安半坡遺址甕棺。死者的屍骸被塞進陶甕中。蓋子上的孔是預留出來的，為的是便於死者靈魂的出入。早期人類認為人死，魂靈不死。

由此，我們來聊聊車戰。車戰就是古時兩軍交戰時的一種主要戰法。那麼車戰起於何時？有學者自《甘誓》軍中有「左、右、御」的記載推測，夏初已有車戰，但是，我們在考古過程中尚未發現過夏代的車，目前考古人員發現的最早的車應該是商中期的。到了商末，車戰日盛，武王伐紂時，「戎車三百乘，虎賁三千人，甲士四萬五千人」。武王召集了三百乘戰車，這邊，商紂王的戰車也不少，敵對雙方幾百乘戰車混雜在一起，這樣的場面是何等壯觀！

　　那麼車戰的配備是什麼呢？

　　《史記》記載，每輛戰車上乘三人，左邊的甲士張弓，這是一車之長，稱為「車左」或「甲首」；中間的甲士負責駕車；右邊的甲士持戈或矛，稱為「車右」或「參乘」。每輛戰車編制若干步卒，商時為二十二人，以配合車戰。

「天子駕六」，六匹馬拉的兩輛馬車。這是古代禮制的一種行為。
出土於洛陽，這是迄今發現的御馬最多的車，為天子的專乘。

　　車戰是很講究禮數的，兩軍對陣，要先向對方請戰。比如齊晉鞌之戰，兵戎即將要相接，雙方卻先互說外交辭令，約定好開打時間。開打前，兩軍還要擂響戰鼓擺好陣式。

在安陽殷墟的考古發掘現場出土的幾十輛車中，都是只能乘三個人的戰車，從未見到運輸用車，為什麼會是這樣的呢？前面我們提到過，《史記》裡說，商代「國之大事，在祀與戎」，所以有限的資源全被用在祭祀和征戰上，這一點，自出土的青銅器亦可窺測到箇中原因，青銅都被做成了禮器和兵器以及貴族享樂的炊具餐具。青銅亦有專用，彰顯著身分和地位的車，當然不會被做成專事生產的運輸車了。

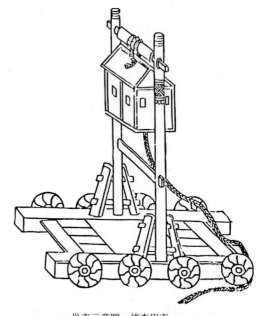

巢車示意圖，偵查用車，
瞭望的士兵站在車頂，隨時報告敵方的進展。

到了春秋戰國末期，戰車不再是戰場上的主角了。起因是趙國與草原接壤，經常要對抗草原騎兵的侵擾。起初，趙軍笨重的戰車總打不過靈巧的草原騎兵。趙武靈王痛定思痛，決定拋棄繁縟的禮儀，棄戰車為騎戰。改革的結果當然是趙軍不再總吃敗仗了。趙國的做法，引領了中原諸國的軍事改革。

隨著車戰逐步退出戰場，一種在世界上使用時間最長的兵器也成了儀仗的擺設，這就是 —— 戈。

《史記》中提到過，戈的打擊形式在於啄與勾，站在車上的甲士以啄和勾打擊敵方，很有效，但是，馬的速度比戰車快多了，如此，啄與勾不好用了，於是，戈被刀和矛取代了。

（上圖）高車。這是草原民族常用的車。逐草而徙是草原民族的生活常態，搬家的時候，家具放在車上，牛拉著車。（下圖）二餅子車。也是草原民族的用車。

獨輪車，行進的時候，車輪與推車人的雙腳三點成一面，曾經，對路面要求不高，即便是在田埂上也能行進自如。

殷商考古發掘出土的幾十輛不同時期的車馬，拉車的都是公馬。古代，駕車的至少需要兩匹馬，一旦一匹發了情，兩匹馬肯定要發生撕鬥，那麼商人是怎樣解決公馬發情撕鬥的難題呢？

對於這個問題，動物考古學的某位專家試圖從馬的身上找答案。他的觀察結果是，拉車的公馬竟然都是被閹割過的。破解了這一個疑問，新的疑問又來了，商人是怎麼懂得閹割公馬的？專家在查看葬坑裡的人牲時，又有了一個發現，一些男性人牲被割去了生殖器，而且，以遺骸來看，他們都是生前被割的。新的發現意味著新的疑問：商人是先懂得閹割人，還是先學會閹割牲畜的？學者的結論是，有可能，商人先懂得了閹割人。理由是，商人崇敬的神有一百多個，這些神有掌管征戰的，有掌管播種的，這其中，當然有掌管生育的。祭祀的時候，商人要向各路神靈奉獻人牲的相應部位，向生育神奉獻的就是生殖器。

被割去了生殖器的男性人牲，有些並沒有死，只是性格大變，全都沒了男性的陽剛。商人得到了啟發，既然人牲被割去了生殖器沒有死，那麼能不能也替雄性牲畜實施這種「手術」呢？經過「反覆」試驗，終於，商人掌握了閹割術，那些被實施了閹割術的公馬，既能拉車，也不至因發情撕鬥了。

因為得罪了皇帝，司馬遷被處以了「宮刑」，就是被割去了生殖器。改變了撒尿姿勢的司馬遷並未沉淪，而是發奮著述，最終編撰出了千古恢宏的《史記》。上圖是甲骨文「宮」，這個字的象形是沒了生殖器的男人。

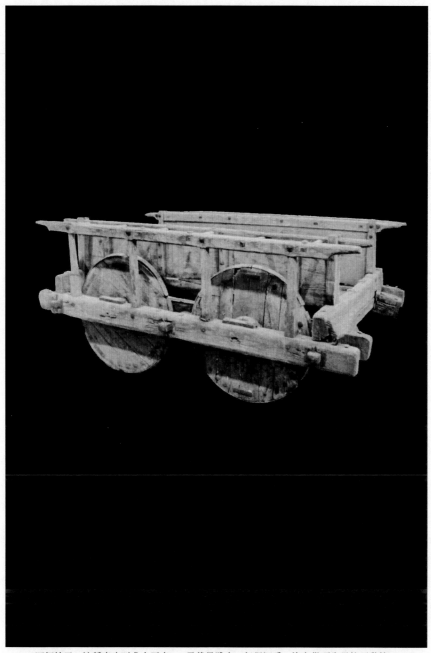

　　四個輪子，這種車也叫「太平車」，承載量雖大，但很沉重，沒有幾頭牛是拉不動的。

　　再有就是，這種車不管前行還是後退，固定在同一個輪軸上的任何兩個輪子都沒法扭動，也就無法轉彎。

　　秦始皇滅六國一統天下，除了統一文字、度量衡外，還將車矩 —— 兩個輪子的間距 —— 統一了，然而誰也沒料到幾千年的時間裡，人們卻沒解決車子轉彎的問題。

　　克己復禮，孔丘以車代步，周遊列國傳播自己的主張，為孔丘拉車的不是馬而是牛。雖說生不逢時，幾乎被所有的王公貴族誤解和排斥，但死後，孔丘被尊作了「聖人」。

　　秦初，草原騎兵常犯秦境，為了抵禦侵擾，秦始皇派大將蒙恬率兵三十萬駐守黃河北邊，為大軍提供補給品成了棘手的事。

　　為此，秦耗時數年鋪設了一條南起長安北至九原的直道，謂之「秦直道」。考古發現，秦直道可並行六輛運糧的軍車疾駛，三天之後便可將補給品運抵九原。

　　為什麼秦要將道路修築成筆直的？原因在於運送補給品的車子不會轉彎。一八四〇年，西方人打進中原，隨之，前輪能轉的、會轉彎的馬車也進入了中原，看到這種洋車，就此，一個困擾了中華民族數千年的難題就這樣很隨意地解決了。

謎一樣的瓦當，謎一般的九原

古時素有「黃河百害，唯富一套」之說。「套」指的是河套，位於黃河的北邊。此地因南臨關中，北接草原，自古，這片農田與草原的接壤地帶就沒有清靜過。

秦統一天下，設郡於此，謂之九原。

秦建的九原，是一處軍事指揮中心，以現存的遺跡看，這裡曾屯過幾十萬的兵將。

西元前二一○年的夏天，秦始皇東巡，死在半路。隨駕的大臣準備了魚蝦，置於帝輦之中，為的是用魚蝦的腥臭氣味掩蓋住秦始皇屍身的惡臭。巡視的車隊如此而為，只因秦始皇曾經有想要臨駕九原的想法，大臣們為的是替秦始皇了卻夙願 —— 生前沒能如願，死後屍游九原，由此足以見得九原對始皇帝和大秦帝國是何等的重要。

那麼九原到底有多重要？這麼說吧，中原人得九原，可劍抵草原；草原人占九原，可鋒指關中。自古，九原是兵家必爭之地，所以戰火鑄就了這裡獨特的文化。

我到九原做考古調查時，這裡給我的初步印象是，特殊的地形的確算得上是一塊是非之地。我們來具體聊聊。

瓦當，漢代。考古的祕訣在於借助遺物與古人聊天，和這塊瓦當的聊天，費了我好一番功夫呢。

早在秦之前，也就是春秋戰國時期，趙國胡服騎射的趙武靈王也曾在九原修築過長城，不過，趙王將長城修在了陰山南坡，這簡直是兵家大忌。實際上，當時的草原騎兵對陰山南邊還沒有實質上的威脅，趙武靈王修長城，真正的目的是為了拿下關中，稱雄天下。

漢武帝時，逐匈奴八百里，匈奴被打到了漠北，漢武帝在陰山北邊的荒漠上修築長城 —— 漢與匈奴的紛爭，漢占據了主動。

　　我們先聊聊婚嫁的事。男婚女嫁不只是老百姓的事，很久以前，有位公主被父皇許配給了遊牧部落的首領。進草原之前，公主在黃河北邊的一個叫九原的地方住了下來，一住就是五年。這位公主名叫昭君，就是被傳為古代四大美人之一的王昭君。

　　曾經有一塊瓦當上刻有「單于天降」，單于是匈奴君主的稱號，那麼這個「降」字該讀作降落的「降」，還是投降的「降」？如果讀作降落的「降」，「單于天降」四個字就可以被理解為單于從天而降，進一層的意思，草原民族的統治者單于高於農耕民族的統治者皇帝。如果將這個降字讀作投降的「降」，意思就全變了，投降，單于歸降了中原。到底應該讀作哪個音呢？在探究瓦當的時候，我們將探究的著眼點放寬了，放到了與瓦當相關的外部訊息的斟酌上了。

　　墓室的牆角放著羊頭，墓門朝北，我斷定，大墓的主人是一位歸附了漢、身為漢官的草原人。身為漢官，死後當然得遵守漢制，但「本性」難移，草原的習俗不能丟，於是，大墓裡被放了羊頭，而墓門向北，應該是逝者落葉歸根的心態表現。

　　瓦當出自漢墓。漢時，社會上風靡厚葬，這座漢墓規模宏大，墓主人的身分與地位絕非一般，但問題是，身分顯赫的墓主人為什麼要將這塊不值錢的瓦當帶在身邊呢？

　　瓦當上刻著中原漢字，但是它表達的意思是匈奴的事，可見，它所包含的訊息非同尋常。漢代，雖說對匈奴的戰爭取得了勝利，但漢對匈奴採取的卻是剛柔並濟的策略。剛就是刀槍相見，柔就是給金銀送玉帛，還有，將皇家的骨肉許配給匈奴首領當老婆。

瓦當出土於這樣的大墓。以建制看，這是一座典型的漢代貴族大墓。

令我和我的同事不解的是，墓室的四個房角各隨葬著兩隻羊頭，這在內地的漢墓是見不到的，更令人費解的是，這座大墓竟然一反漢墓坐北朝南的儀規，墓門朝著北。

這塊瓦當上寫的是「單于和親」，漢匈和親，成一家人了。

126

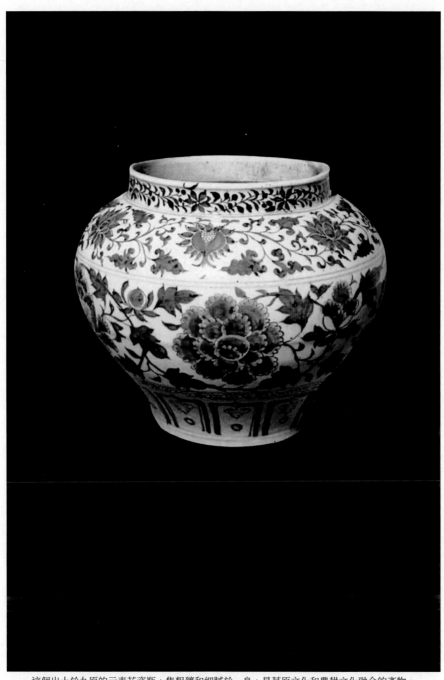

這個出土於九原的元青花瓷瓶，集粗獷和細膩於一身，是草原文化和農耕文化融合的產物。

這個陶罐出土於九原的阿善遺址，距今四千多年了。
陶罐上刻劃著一個人，據專家推測，此人應該是一個巫師。

不時地將美女許配進草原，漂亮臉蛋的確為邊塞帶來了稍許的安寧，但是安寧過後，一切照舊，九原又見硝煙。打打和和，和和打打，陰山兩側，恩怨情仇，爭端與融合，中華民族大家庭的概念就這樣被一次次強調、一番番明確了。東漢時，匈奴單于接受了王莽賜予的金璽和美女，對東漢稱臣，草原民族是中華大家庭一員的觀念被確立了。這就有了前面提到過的墓門朝北邊的漢墓，以及寫著「單于天降」漢字的瓦當。「單于天降」究竟應該讀作天降（ㄐㄧㄤˋ）還是天降（ㄒㄧㄤˊ）？就在大家眾說紛紜的時候，另一座漢墓中出土了一塊寫著漢字的瓦當——「單于和親」。

到底應該怎樣解讀這塊瓦當？有學者認為，「單于天降」的降，應該讀作ㄒㄧㄤˊ。「降（ㄒㄧㄤˊ）」在古時有「和解」的意思，單于天降（ㄒㄧㄤˊ）本意應該是雙方和好，有民族和解之義。中原皇帝被尊為天，單于的本意也是天。中原與草原都有敬天為至高之神的習俗。

《前漢書·元帝紀》記載：「呼韓耶單於不忘恩德，鄉（向）慕禮儀，復修朝賀之禮，願保塞傳之無窮，邊垂（陲）長無兵革之事。」

呼韓邪歸附大漢，九原不見了硝煙，以這個歷史背景作為探究的出發點，「單于天降」的表意就是漢族與匈奴永遠和好。後來，在我們對九原的考察接近尾聲時，又出土了一塊寫著「四夷盡服」的瓦當。將「單于天降」、「單于和親」和「四夷盡服」放在一起，「單于天降」的表意到底是什麼？我想，您也清楚了。

打打和和，轉眼一千多年過去了。到了元代，陰山北邊的遊牧部族成了政權的主宰。

這時的九原沒有了軍事功能，成了商貿中心。幾年前修建鐵路時，一個元代的村鎮從黃土下袒露了出來。以遺址規模考據，考古人員認定，元代時期的九原很繁華，且人口眾多。為了保護這片遺址，鐵路改了道。

到了清代，九原徹底變了。草原和中原不再兵戎相見了，黃河岸，陰山下，九原城，熱鬧了。起初，清政府嚴禁中原人北上拓荒，但是晉、陝、冀等地的飢民顧不得朝廷的禁令，每逢開春便偷渡黃河，躲在葦叢中，天當房、地當床，種上一小片莊稼，待秋後將糧食運回老家。春來秋去，偷偷在九原種地的莊稼漢被

稱作「雁行人」。後來，因為一位遠嫁而來的清朝公主，事情終於出現了轉機。這位公主是乾隆的女兒，從京城嫁到牧區，公主不習慣整日吃駝肉喝牛羊奶，她想吃點青菜，由於嚴格的禁墾政策，她必須向清政府上書。公主向乾隆皇帝上書，要求開一片公主菜地，那麼大的河套地區開一片菜地不算什麼難事，清政府批准了。公主的奏章引發了連鎖反應，接下來發生的事情是清政府絕對想不到的。

大量農夫蜂擁而至，而且不再春來秋去，具有晉、陝、冀特色的民居成了九原這塊土地的新景緻。走西口，走出來了一個別樣的九原。

有學者將九原比作樞紐，不同的文化在這裡交匯、交融。包容與吸納令九原獨具特色。

規矩與方圓

　　史籍上說，遠古的時候，天地混沌。盤古開天闢地，天地不再混沌。盤古開的天地，實際上是為懵懂的人們規劃出了統一的規矩。

　　有了規矩，人就不再混沌，人們不再為所欲為，意識到了規矩對於生活的至關重要性。問題來了，規矩是從哪裡來的呢？常言道「無規矩不成方圓」，探究規矩的來頭，不妨先查找一下方和圓的源頭。

　　在我的考古生涯中，有很多很多神奇的事情，例如半坡人是依圓蓋房的，於是我們初步認定，半坡人是先發現並且繪製出圓的，但是，對於這一認定，成書於西元前一世紀的《周髀算經》不這麼認為。《周髀算經》中指出：「圓出於方。」《周髀算經》的認定有悖於考古人員在半坡遺址的發掘發現，那麼根據何在呢？

女媧和伏羲，人首蛇身，一個抱著規，一個抱著矩，自從有了規矩，天地不再混沌，人也不再懵懂了。

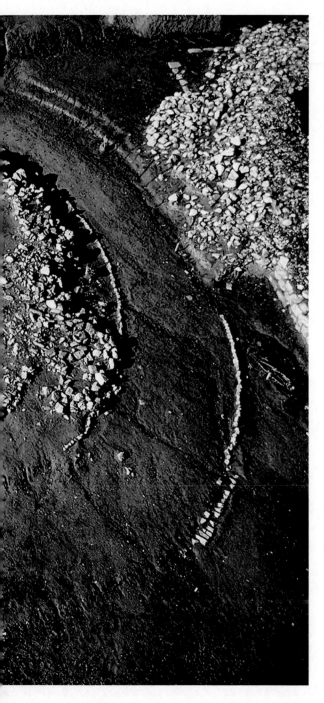

半坡人善蓋圓房子。怎麼蓋的？推測，半坡人先定一個原點，然後拉一條繩，圍著原點，轉一圈，房子的原始「設計圖」就畫出來了，在畫好的圓圈上打洞立柱，半坡人的房子就這樣蓋出來了。

遼寧朝陽市牛河梁遺址，五千多年前的紅山文化三圓祭壇，三圓的直徑：外二十二公尺，中十五點六公尺，內十一公尺。三圓兩兩間的比：二十二：十五點六和十五點六：十一，都是根號二！

在紅山遺址上，考古人員發現，紅山人竟然已經發現了數學中的根號二，這一發現，比古希臘早了兩千多年。紅山人是怎麼將呈現出根號二的比例關係的三個圓畫出來的呢？既然《周髀算經》認為「圓出於方」，下圖，這是考古人員對紅山人利用方畫圓的推測。

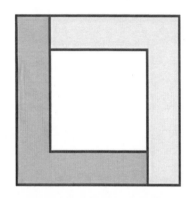

假設，紅山人在地上先畫了一個正方形，然後，以這個方一個邊的長度為直徑，畫出方的內接圓，接下來，以這個方對角線為直徑，畫出方的外切圓，再以這個圓的直徑為方的邊長，畫出第二個方，然後，以第二個方的對角線的長度為直徑畫出第三個圓，而這三個圓，兩兩相鄰圓的直徑之比剛好就是二。

原來，圓是這樣出於方的。紅山人的做法給出了詮釋。不過，「方」又是怎麼來的呢？對此，《周髀算經》還有說法，這就是「方出於矩」。「矩」是什麼？「方」又是怎麼由「矩」來的？探究此事，有必要閱覽一下「規」和「矩」的模樣，上頁圖中，伏羲拿著的就是規，女媧拿著的就是矩。

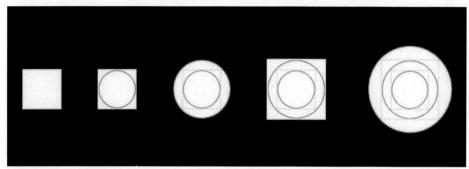

「方出於矩」，有學者推測，紅山人畫方是將兩個矩對向拼對，方被畫出來了。

東西長一百五十公尺，南北寬六十公尺，占地面積九千平方公尺。即便是在當今，這也是個大工程。石陣被學者編定為牛河梁紅山文化第二地點。這裡是已發掘的牛河梁紅山文化遺址中最大的。

良渚玉琮，距今五千多年了。外方，內圓。

銅錢，外圓內方。一直以來，天圓地方的理念是人們思維模式的基點。

前文我們提到過秦始皇統一六國，始皇帝為了千秋基業，採取的最為重要的舉措就是統一度量衡，實際上，秦統一的是天下一統的規矩。

漢代，廢黜百家，獨尊儒術，儒家說教成了古時人們精神生活的獨門規矩，孔子被尊作聖人。

天是圓的，地是方的，這是流傳了數千年的天地理念。古人將天認定為圓，這一點，不難理解。環顧蒼穹，天如釜底，順理成章地，天被認定成了圓的。低下頭來，平視四周，地也如同倒扣的大鍋，帶給人的感覺也是圓的，那麼，古人怎麼就違背了直觀感觸，而將地認作方的呢？要搞清楚這點，得先明白方是怎麼來的。立桿測影，古人將大地規定了五個方位。

將天看作圓，在於對自然的觀察，而將地認定為方，則在於古人主觀的發揮。早期，對天圓地方的描述是這樣的：「天圓如張蓋，地方如棋局」。

甲骨文「巫」，有專家認為，這個字是古時巫師事神用具的象形，有表方位的概念。東南西北中，五方在三千多年前的商代被規定化。

這是商代甲骨文「天」，這個字的會意是個圓圓的腦袋。

「張蓋」，不難想像，而「棋局」恰是對二繩的添加。對於天地的形狀，孔子的學生曾子概括道：「天之所生上首，地之所生下首，上首之謂之圓，下首之謂之方。」曾子所言的上首、下首其實就是人的腦袋和雙腳，正如《淮南子‧精神訓》所言：「頭之圓也像天，足之方也像地。」

方和圓的由來先說到這裡，現在聊聊「規矩」。

《說文解字》說：「天地人之道也。」天地人，三位一體。天「一」，地「二」，而「三」則是「天地人」的總和，也就是說，「三」包含著整個宇宙。人類剛剛學會直立身子走路的時候，每個人便要感受並且處理好自我、群體和食物這個「三」，而協調好這個「三」就是遵守原始社會的規矩。進入文明階段以後，人需要理順自我、村落和國家三者的關係，時時都需要自我反省，反省自己的所作所為在不在規矩之內。

審時度勢，規矩也有荒唐的時候，比如說，南唐皇帝李煜有愛小腳的癖好，為此，小腳的窅娘備受恩寵，為了爭寵，宮女們競相纏足。纏足傳到了民間，再後來，小腳普及開了。纏足，作為規矩，在封建社會昌盛了近千年。將嚴重變了形的小腳視為美，如果說這也能被算作「規矩」的話，這無疑是世界文明進程中最為荒唐的規矩了。

有荒唐的，就有合理的，比如前文提到過的，春秋戰國時期，趙武靈王決意將車戰改為騎戰，將長袍改作短衫，結果立竿見影，趙軍終於可以和草原騎兵打成平手了。

緩緩隆起，圓形的石陣被稱作圜丘。方方正正，方形的石陣被稱作方丘。

《爾雅‧玉篇》說：「圓曰規，方曰矩。」《前漢‧律歷志》說：「矩者，所以方器械，令不失其形也。」

規矩怎麼來的呢？大禹治水，需要制定測繪的依據，於是大禹「左準繩，右規矩，載四時，以開九州、通九道、陂九澤、度九山」。大禹以什麼作為規矩和準繩呢？《史記‧夏本紀》中說，大禹以自己的身高和體重定出長度和重量標準。

關於大禹的制定標準，東晉的志怪小說《拾遺記》中甚至編撰了一齣神話故事。大禹在開鑿龍門的時候，鑽進了一個數十公里深的岩洞，突然，洞裡竄出了

一隻豬樣的怪物，怪物嘴裡銜著一顆夜明珠為大禹引路，將大禹帶到了一個明亮寬敞的地方。大禹抬頭，只見人面蛇身的伏羲端坐於臺，一番問候過後，伏羲交給了大禹一柄四十公分長的玉簡。告別了伏羲，大禹便持此玉簡丈天地治水患，對人類做出了巨大貢獻。

這則神話昭示了一個道理，測量須有權威性的統一標準，何謂統一的標準？說白了，就是放之四海而皆準的規矩。

規和矩原本不是一回事。畫圓的工具為規，畫方的工具為矩。關於規矩的出處《管子・輕重己》一文中說：「心生規，規生矩，矩生方。」即心—規—矩—方，這一點，和前面提到過的紅山人依矩畫方的說法倒是相吻合的。關於規矩的功能，《揚子・太經》說：「天道成規，道地成矩，規動周營，矩靜安物。」規矩包含著天地和動靜，萬物生長，皆於規矩，規矩寓含著廣闊的哲學理念。後來，規和矩被連綴在一起，成了一個特定的詞。

秦兵馬俑，統一的著裝，統一的身高，連表情都是統一的。
統一也是一種規矩，將士們只有遵循軍陣的規矩，這支軍隊才有可能打勝仗。

房子緊貼著房子，村落的外圍是壕溝，
可以這麼說，八千多年前的興隆窪人是在懂得計算的基礎上才蓋出房子，並且布局出了村落的樣子。

「姓」和「氏」不是一回事

　　您絕對有過這種經歷，朋友聚會碰到了生面孔，這時候，先是互致問候，然後是：

　　「您好，您貴姓？」

　　「免貴姓李。」

　　「李先生，初次見面，請多關照。」

　　「不敢、不敢。」

　　貴姓？明明是平頭百姓，市井小民，卻要以「貴」互相巴結。不過，話說回來，在姓前面加上個阿諛奉承的「貴」，並非近代才有，更早的時候就尊奉這個儀軌了。

　　原始社會時期，人們對自然界發生的事情，比如風雨雷電、洪水地震、生老病死充滿了疑惑與畏懼。或許是因為巧合，或許是因為常常相伴，遠古先民常會感到自然界的某種事物和自己的族群存在著關聯，時間長了，這種事物就被古人神化了。為了討好心目中的神，希望神保佑自己，希望自己和族人擁有神的能耐，先民們乾脆將被神化了的事物當作本族的名稱，而且將它（或者它們）刻劃出來，或是擺在部落最明顯的地方，或是拿在部落長老或者巫師的手裡，現代學者將古人心目中的、被刻劃出來的神像叫作族徽，也就是圖騰。

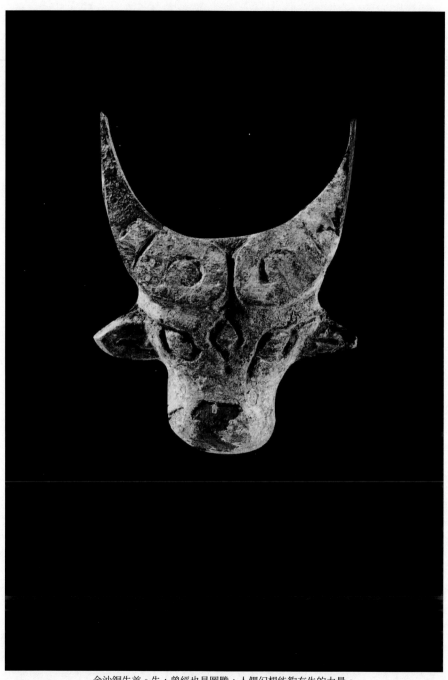

金沙銅牛首。牛，曾經也是圖騰，人們幻想能夠有牛的力量。

紅山文化玉豬龍。自從龍被皇帝壟斷以後，龍就成了皇帝的象徵。
在皇帝退出歷史舞臺以後，龍才真正成了民族的象徵。

說到「圖騰」，實際上這是一個外來詞，它是古印第安語「totem」的音譯，原意是「它的親屬」、「它的標記」，因為古印第安語中「圖騰」的表意比較容易理解，因此，現代人在解釋族徽的時候便借用了這個詞。

　　由「圖騰」的產生來看金沙人崇牛、仰韶人尊魚，其動機就不難理解了。因為金沙人認為他們的先祖死後會變成牛，仰韶人覺得他們的先祖死後變成了魚。早期文明，古人會將自然神冠以先祖的名，如此，被尊崇的神既明瞭、直接，又有親近感。比如鄂倫春人將公熊視為祖父，將母熊奉為祖母；匈奴人將草原蒼狼尊為祖先。還有，如《周易》開篇第一卦乾卦，以龍為象徵「飛龍」。關於先祖圖騰，商王朝因「天命玄鳥，降而生商」的說法，商人認為自己是飛鳥所生，於是商人的圖騰便是飛鳥。有些氏族，以自己部族的圖騰與外界接觸，時間久了，圖騰就成了這個氏族的「姓」了。

　　當今，「姓氏」被當作一個詞，實際上，在秦始皇統一六國之前，「姓」和「氏」是兩個完全不同的概念。既然它們本不是一回事，搜尋姓氏的根源，就得將它們分開研究了。

　　「姓」字，由「女」和「生」組成，顯然是個會意字。在遠古的母系社會時期，女性的地位是至高無上的，族群的圖騰也多是雌性，以至於延續到了現在的一些姓，用的是「女」字偏旁，比如姬、姚、姜等。

　　那麼，姓產生的原因是什麼呢？

　　遠古的時候，兩個族群若遇到了，需要區分相互的標識，怎麼區分呢？一個說：「我是 X 族的。」另一個說：「我是 Y 族的。」這時，先民們認識另一個族群就有了依據，「姓」就產生了；還有一種說法，當遠古的先民們知道同族不能通婚以後，「姓」為人們標明了族群，從某種意義上說，婚姻促使了「姓」的產生。

　　「名」是我們每一個人與外界連繫的符號，不管走到哪裡，處在什麼樣的人群裡，沒有了這個符號，就會寸步難行。不知您有沒有注意過，「名」可以改來改去，但「姓」卻不可以隨意變更，人們把「姓」看作是自家香火是否能延續的大事。

　　「姓」就是這麼來的。那麼「氏」又是怎麼產生的呢？

　　「氏」的出現比「姓」要晚得多，它起源於母系社會過後的父系時期，是階級社會的產物。「氏」是古代貴族標示宗族系統的稱號。圖 B 是甲骨文的「氏」字，它是人持水罐的象形。

　　「姓」與「氏」除了產生的年代、取自的緣由不同以外，它們之間的社會職能也不一樣。比如族群之間只有異姓才被允許通婚；氏呢，則是用來區別族群社會地位高低貴賤的。

　　南宋史學家鄭樵在《通志·氏族略》中解釋道：「氏所以別貴賤，貴者有氏，賤者有名無氏……姓所以別婚姻，故有同姓、異姓、庶姓之別，氏同姓不同者，婚姻可通。姓同氏不同者，婚姻不可通。」

　　戰國時期，由於歷史環境發生了變化，「姓」和「氏」原始的意義已經逐漸被淡化，「姓」與「氏」漸漸合而為一，姓氏由大的族群符號演變為家族符號。對此，鄭樵的解釋是：「（夏、商、周）三代之後，姓氏合而為一，皆所以別婚姻，而以地望明貴賤。」文獻記載，正式將姓氏混用的是司馬遷在《史記》裡將秦始皇寫作「姓趙氏」，將漢高祖寫作「姓劉氏」，自從司馬遷以後，或者說自從漢代以後，「姓」、「氏」二字的確切含義模糊了，實際意義成了專指姓了。

　　早先，姓氏還有標明社會地位的功用，後來，這一功用也被淡化了。在中華民族數千年的文明進程中，用來區分人群或等級貴賤的標示逐漸形成一個獨特的文化 —— 氏族文化，直到今天，姓氏文化仍是中華民族凝聚力的一個重要的因素。

金文「姓」字由「女」和「作物」組合而成，表意為女子決定作物的耕種；篆文「姓」字被寫成了「女」與「生」的組合，以生孩子會意「姓」，進而衍生出「姓」。「姓」源於遠古先民對女性的崇拜。

甲骨文「氏」。至於「氏」是怎麼變成氏族的「氏」的？沒人說得清。

海昏侯的牙

人多姓多，您知道當下全世界姓什麼的人最多嗎？有說姓張的，有說姓王的，有說姓劉的……其實我也不知道。

說到劉姓，有個蠻有趣的事，二〇一六年我在參加劉賀棺柩的實驗室考古發掘時，「意外」發現了這位人生非常曲折的第一代海昏侯一劉賀的牙！

事情是這樣的，打開劉賀棺柩的棺蓋板以後，展現在考古人員面前的是大大小小的玉璧。附在劉賀臉上的玉璧是由極品和田白玉製作的，圍繞著這枚玉璧，考古人員品頭論足感慨了一個多星期。

一天，實驗室裡負責拍照的考古隊員趴在事先搭好的架子上拍攝玉璧的細部，忽然，這位小隊員漲紅著臉跳下了架板，衝到我跟前。

我問她：「出什麼事了？緊張什麼？」

她沒說話，將照相機舉到了我面前，讓我從照相機的螢幕中回看她剛拍的照片。僅瞥了一眼，我便倒吸了一口涼氣：玉璧中心罩著一口潔白無損的牙！要知道，對於內棺的發掘，這位當了二十七天大漢皇帝的劉賀的屍骨早已蕩然無存，沒曾想，滿口的牙還在！尤其令人忍俊不禁的是，玉璧已被清理出來了一個星期，每日裡眾人守著這塊玉璧，甚至連細部都斟酌過了，竟然都沒有看到玉璧中間的牙！

您也許會問，我們說的是姓氏，怎麼扯到劉賀的牙上面去了？別急，聽我慢慢道來。得知實驗室裡「查獲」了劉賀的牙，許多從事體質人類學研究的專家趕來了。考古工地負責人很嚴謹，每個單位僅允許摘一顆牙走。那麼這些專家採樣劉賀的牙做什麼呢？這就和姓氏扯上關係了。

三家單位分別採樣了劉賀的牙，做 DNA 基因檢測，既得到了劉賀的健康狀況、有無疾病、死亡原因等訊息，又能……說到關鍵了：劉賀乃漢武帝劉徹的親孫子，是正宗的「劉」家人，如果能拿到劉賀的基因，然後與當下的劉姓人群做比較，就能得到劉姓的起源和傳承等大量訊息，至於說，還有什麼隱祕可以破解？這一點，因為 DNA 檢測的結果尚未公布，我這裡不宜透露。

為什麼喜歡紅？

　　紅如同催化劑，具有強化美的功能，自古以來就有嗜紅的習慣。那麼嗜紅的根源是從哪裡來的？有人說，因為紅與血色相同，但是，黑人、白人，世界上所有人的血都是紅的，如果嗜紅源自血色，世界上所有民族著迷紅應該都是相同的，但是，無論是考古過程的發現還是神話傳說，都表明一點：中華民族嗜紅，無人能及。

　　三千多年前的商代大墓，墓主人是一個叫作婦好的王妃，前文我們有提到過。此人是歷史上有據可查的第一位女性軍事統帥。當婦好的這座大墓在一九七六年重見天日時，婦好的屍骨早已蕩然無存。她躺著的地方泛著淡淡的紅色，還有紅色顆粒物。經過科學分析，夾雜在土壤中的紅色顆粒物為硃砂！顯然，婦好在下葬的時候，棺材內外是被撒上了硃砂的。

《四紅圖》取材唐人傳奇，

「四紅」分別指紅線、紅綃、紅佛、紅娘四女，因各人姓名都含一紅字，故並稱「四紅」。

　　為什麼要將硃砂撒在棺材內外？一種說法是，紅為赤，赤亦光明，撒上硃砂意在為死者到另一個世界照明道路；另一種說法是，硃砂有保持屍首永不腐朽的功能。但是，婦好早已化為烏有，而陪葬在大墓旁邊的殉葬人因為沒資格享用硃砂，屍骨還都是完整的。實際上，硃砂非但沒能造成防腐的作用，反倒加速了婦好屍骨的腐爛。甲骨文記載，婦好「不愛紅裝愛武裝」，多次征戰沙場，最多一次曾率一萬三千多名士兵西征，絕對是世界上第一位女將軍。喜歡帶兵打仗的婦好，血見得多了，應該也是習慣紅色的。

　　和婦好一樣，歷史上，帝王們下葬的時候周身附著硃砂是很常見的事情。

　　無論是為了照亮另一個世界的道路，還是為了防屍不腐，硃砂能夠得到人們的信賴，這和它的顏色有著密切的關係。實際上，早在婦好之前，人們就十分在意紅色了。

　　在前面的章節裡見過的一個彩陶，還記得嗎？上次，我們聊了一下彩陶盆上的人面魚紋象徵了女性生殖崇拜，其實它的顏色也是研究對象。

　　彩陶盆上黑色的紋飾隱喻著上古時期人們對自然的理解和對神靈的虔誠，與黑色紋飾形成強烈反差的是紅色的陶壁。紅與黑，這兩種色彩為什麼會得到古人的鍾情？有學者認為，因為女人的陰私是黑的，經血是紅的，而且在那個時代女性是主角，所以，紅便被認定為是神聖的色彩了。

　　紅色是血液色，容易引發人們的聯想，上古時種族之間結盟，盟約通常都要寫成紅色的字，表示以生命作保。

　　紅色還有避邪的功能。相傳，商紂王死後被封作了神，但他惡習不改，經常出來騷擾出嫁的新娘。後來，有人在新娘的頭上蓋上了一塊紅布，紅布能使商紂王不敢靠近新娘。

　　紅色在五千年前被尊作神聖的顏色，這還不能被算作是崇紅的鼻祖，再往更早說，遠古人類嗜紅與火的使用不無關係。火給人光明、溫暖，幫助人們將食物燒熟，而火焰的主色調是紅色的，但是，火的脾氣卻又讓人思索不透，當它發作的時候，連它的主人也是不認的。於是古人認定，火有靈性，因為崇敬，因為恐懼，火被古人尊作了神。

四象：左青龍、右白虎、上玄武、下朱雀，它們是最早的純粹本土的神，它們是代表東南西北四個方向。
因為雀鎮守著南方，而南方屬火，所以，古人在雀的前邊冠上了「朱」。

　　既然火是神，火的顏色當然是要被敬重的。在考古過程中，我發現，數萬年前的山頂洞人就有了將赤鐵礦塗染在穿戴之物上、和往死者身上撒紅色赤鐵礦砂的習俗了。

　　後來，社會進步了，但人們崇尚紅的理念卻沒有改變，而且，由潛意識的畏紅、崇紅發展出了膜拜紅色的人文理念，比如傳說中的炎帝，因為屬火，故為赤。所以，炎帝也被稱作赤帝，也就是紅色的帝王，所以，古代人也就以紅為尊了。

　　到了周代，崇紅的理念愈發深入人心，甚至連紅色的牛也被周朝的人當作聖物。對此，《論語·雍也》（第六）記載：「子謂仲尼曰：『犁牛之子騂且角，雖欲勿用，山川其舍諸？』」這段話的翻譯是這樣的：如果雜色的牛生出的小牛是紅色的，而且很純正，即使不被人看好，鬼神也會眷顧它。「騂」的表意為紅色的牛或馬，周朝人將紅色的牛晉升到了神的層面上，可見，兩千多年前的周代，紅色也是被推崇的。

　　到了漢代，紅色被加蓋在了皇帝的身上，比如：

　　《史記·高祖本紀》記載：「高祖被酒，夜徑澤中，令一人行前。行前者還報曰：『前有大蛇當徑，願還。』高祖醉，曰：『壯士行，何畏！』乃前，拔劍擊斬蛇。蛇遂分為兩，徑開⋯⋯後來人至蛇所，有一老嫗夜哭。人問何哭，嫗曰：『人殺吾子，故哭之。』人曰：『嫗子何為見殺？』嫗曰：『吾，白帝子也，化為蛇，當道，今為赤帝子斬之，故哭。』人乃以嫗為不誠，欲告之，嫗因忽不見。」

　　司馬遷的這段記載顯然是神話傳說，不可信，但這段文字卻為我們提供了這樣的訊息：漢代的皇族以紅造勢，將開國皇帝劉邦尊作了「赤帝」。

　　劉邦被尊作或者說是自詡為「赤帝」，目的很直接：唬住原本不把他當回事的那些人。

　　歷代王朝均以紅為尊，建造皇宮的時候，紅被當作了主色調，帝王的宮殿因此被叫作「丹楹」、「丹檻」、「朱厥」。

　　皇帝的表率，得到了全社會的效仿，就連一般富裕人家的大門也要漆成紅色，所以就有了「朱門」的說法。

古人在很早以前便對天象有了深刻的理解，所以在二十八宿中，四象用來劃分天上的星星，它們也稱為四神、四靈。古人透過它們創造出了適合農耕的曆法。

紅色在民間也是相當受歡迎的，比如新娘子出嫁，會穿戴著紅襖、紅褲、紅鞋、紅蓋頭，藏在紅蓋頭裡的是紅透了的臉蛋。婚禮現場也透著紅，大紅的喜字、大紅燈籠、大紅蠟燭。洞房之夜，新郎還會勘察墊在新娘紅臀下的巾帕，看看新娘是不是初夜的處女 —— 紅還是驗證貞節的佐證。

古代人為什麼要敬月亮？

　　長久以來，我總結出這麼一條真理：人與動物之間的區別在於性的交往上，人怕羞但無節制，動物不怕羞但有節制。這麼說好像有些偏激。對於敢在大白天做傳宗接代事情的動物而言，一般人是羞於直觀的，而對於那些專選夜晚發出求愛訊息的動物，人通常是會另眼看待的，比如夏季夜晚呱呱叫求愛的蛙。六千多年前，仰韶人就曾將蛙奉作神明，不過，我們不能由此斷定人們習慣於晚上示愛是從蛙那裡學來的，但有一條是可以肯定的：自從人類知道了害羞以後，就不再當眾示愛了。之後，當婚姻成為一種制度以後，男歡女愛的事就成了自家的隱私。於是，就連結婚也常常選在晚上，有月亮的時候舉辦婚禮。

　　當我提筆寫本文之前，我為自己出了一道考題：關於月亮的別稱。

甲骨文「昏」，這個「昏」古時通「婚」，由晚上完婚而來。

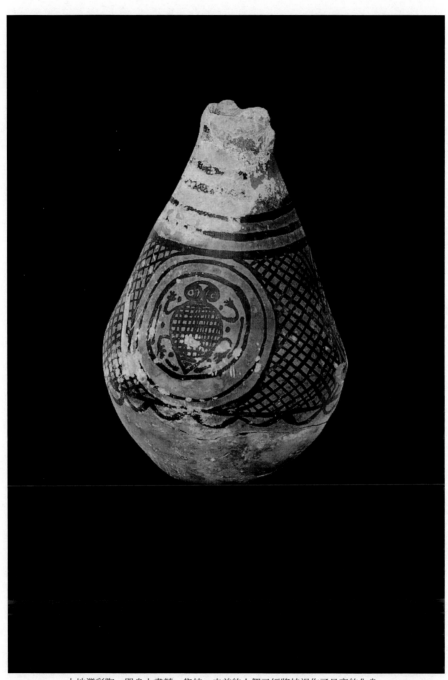

大地灣彩陶。器身上畫著一隻蛙，史前的人們已經將蛙視作了月亮的化身。

仰韶蛙紋陶罐。有學者認為，神話傳說中的女媧其實就是由蛙演變過來的。

玉兔、顧兔、玉蟾、玉羊、玉盤、玉壺、玉輪、玉弓、玉桂、玉鉤、玉鏡、冰鏡、廣寒宮、顧兔、嫦娥、冰輪、素娥、素丸、桂魄、太陰、大陰等等。古人為什麼要為月亮想像出這麼多的別稱呢？而且多以「玉」相稱？以此看來，古人相當戀月，而且，由來已久。

遠古時期，月亮是被當作神接受古人崇拜的。

最初的月崇拜是與生育有關。古人以為，女人與月亮有很多相同的地方——女人懷孕，肚子變大，月亮也有由缺到圓的變化，而且，月亮的一個變化週期，恰與女人的月經週期相當。這也是女人的生理期為什麼又被叫作「月經」的原因。所以古人認定，女人的懷孕和月亮有關，是月亮致使女人受的孕。

河南濮陽的龍虎圖，東龍，西虎，為什麼西王母人頭虎身，因為西王母主西，虎亦主西，故而西王母如虎，這也正是月的「神格」，它所代表的是冥界的威儀。漢語裡常將悍婦說成「母老虎」，為什麼古人要炮製出一個「悍婦」？這或許和母系社會時期，部落裡的女性首領必須剽悍才能鎮得住人有關。

月神的出現大多都是女性，比如神話傳說裡的西王母、羲和、女媧、常羲（就是後來的嫦娥）、嫘祖、華胥、附寶、纖阿、女魃等等，都曾充任過月神。甲骨文裡有「東母西母若」的文字顯示，這裡的「東母」、「西母」分別指日神和月神，而後世有關西王母的神話傳說應該是源於三千多年前的商代。

相傳，身為月神的西王母主宰著西方、夜晚、黑暗、秋天、生育和死亡，是主管生產和收成的神，還兼任著凶神、刑神和死神。

月亮由缺而圓，由圓而缺，「月光何德，死則又育？」（《楚辭‧天問》）月亮的這一特性令人猜想月有死而復生的神性，既然月亮有這樣的能耐，人為什麼沒有呢？於是，人們將月亮視作神，崇敬起了月神，希望得到月神的恩典和庇護，得到死而復生的本事。

在古人來看，日落西山，意味著日的沒落，反之，月自西而下，卻被看成是月在歸巢。以至於，月自東而升，《禮記・禮器》中偏要認定「月生於西」，因為這一認定，古人在祭月神的時候要面西而拜。

說月的能耐，實際上說的是月神的能耐。

先說說月神的幾大特徵：其一，太陰；其二，主西；其三，居聖山；其四，虎形；其五，主生死。由此看來，月神的能耐是很大的。

說具體一點，拿那位無所不能的西王母舉例。

《山海經・大荒西經》說：「西有王母之山。」「西三百五十里曰玉山，是西王母所居也。」玉山，即崑崙山，是一座地處西方的聖山，是西王母的居所。崑崙山是古代傳說中眾神的聚集地，相傳，西王母居中而居，統領著天下諸神。那麼她長什麼樣呢？《山海經》中說西王母：「人面虎身，有文有尾，皆白」、「善嘯」。人的腦袋虎的身體，西王母簡直是一個怪物，不過，這也不足為怪，任何民族，在文明起源階段都經歷過自然神、人與自然混雜神、人神的崇神三階段，西王母人面虎身恰是祖先敬神的第二個階段、即人與自然混雜神的產物。

漢代畫像磚，嫦娥奔月，月亮裡面有一隻蛤蟆。

青銅鉞，出土於商代婦好墓中，是婦好生前使用的權杖。
虎是會主動襲擊人並吃人的少數肉食動物之一，青銅鉞上就有「虎噬人紋圖」，展現了虎的威勢。

月神的能耐很大，但是，後來漸漸不行了，因為女人一天天地沒地位了，當女性淪為男性的附庸以後，月神乾脆變成了一個寂寞少婦——嫦娥。《淮南子‧覽冥訓》中說：「羿請不死之藥於西王母，恆娥竊以奔月。」高誘引注曰：「恆娥，羿妻，羿請不死之藥於西王母，未及服也，恆娥盜食之，得仙，奔入月中為月精也。」偷吃了丈夫后羿從西王母那裡討回來的仙丹，身不由己，嫦娥被迫飛進了冷清的月宮，被徹底地軟禁起來了。可以看得出來，這是父權至上的產物，當男人主宰了一切以後，容不得女人再有自己的想法了，於是，炮製出了一個倒楣之極的嫦娥，高懸於月宮裡，以警示世間稍有臆想的女人，誰敢出格，上面那個女人就是你們的榜樣。

自古，人們就用大量的文字描寫月亮，以抒發各種情感。例如：「床前明月光、疑是地上霜。」這詩最能讓喜好無病呻吟的文人墨客生出感想。我們從早期看起，先說說《詩經‧陳風》中的〈月出〉，「月出皎兮，佼人僚兮，舒窈糾兮，勞心悄兮。」「皎兮」的月亮，從時間上看也到夜半了，月光下的窈窕淑女，更令人遐想，讓人思念。還有一首：「日居月諸，照臨下土。乃如之人兮，逝不古處。胡能有定，寧不我顧。」被人甩了，遠嫁他鄉了，卻拿太陽月亮出氣。

曹家三代人也總愛藉著月亮抒發情懷，先看曹孟德的：「月明星稀，烏鵲南飛。」寓情於景，含蓄內斂。再看看曹丕的：「明月皎皎照我床，星漢西流夜未央。」床上有什麼？十有八九躺著一個絕代美女，要不然為什麼要感慨「夜未央」呢？最後是曹植的：「明月照高樓，流光正徘徊。」被己兄「莫須有」了的曹植當然睡不著覺，能將月光盯出徘徊，肯定，眼睛都瞪累了。

戲臺上的曹操被畫成了白臉，實際上，僅以曹孟德的詩句就能體味出曹操絕非等閒之輩。

古典詩歌的全盛當屬唐代，有一點絕對令今人瞠目，這就是幾乎所有唐代詩人都是「夜遊神」，這麼說吧，唐代但凡有些名氣的詩人，就沒一個不戀月的。

張若虛：「江天一色無纖塵，皎皎空中孤月輪。」

孟浩然：「山光忽西落，池月漸東上。」

王維：「松風吹解帶，山月照彈琴。」

李白：「舉杯邀滿月，對影成三人。」

杜甫：「露從今夜白，月是故鄉明。」

白居易：「可憐九月初三夜，露似真珠月似弓。」

李賀：「大漠沙如雪，燕山月似鉤。」

杜牧：「煙籠寒水月籠沙，夜泊秦淮近酒家。」

李商隱：「滄海月明珠有淚，藍田日暖玉生煙。」

王翰：「葡萄美酒夜光杯，欲飲琵琶馬上催。」

綜上，哪位詩人的詩句最有味道？要我說，都有，都是晚上睡不著覺，發自內心的感慨。至此後，宋詞、元曲，涉及月的就更多了，比如李清照的「病起蕭蕭兩鬢華，臥看殘月上窗紗」，頭髮都白了，也沒有盼回心上人，這句詞，讀來，令人心碎。

接著，我們來聊點和世俗有關的月亮。

月下老人，俗稱月老，專門替未婚男女牽線搭橋的熱心人。由這個老頭聯想到月亮，有一點，起初，我思索不透，幫人介紹對象為什麼偏要在月高人靜的晚上呢？白天不行嗎？前不久，有個同事為別人介紹對象，偏要拉著我一起去，說那個小男生比較靦腆，而且臉上因青春痘遺留下了幾個大大小小的坑。我原本就愛湊熱鬧，聽說這次還有海鮮侍候，於是，就答應了同事的請求。到了約定地點，男生早就來了，趁著天還沒黑，我細細打量了他一番。同事說的不假，他的臉確實如月球表面，盡是「環形山」。過了一下子，天黑了，女生來了，兩個人一起走了，我和同事吃海鮮去了。第二天，我的同事對我說，事情還真的有戲。我呢？自然為男生慶幸了。但是第三天，我那同事哭喪著臉對我說，事情沒下文了，女孩子看不上男生了。我問：「為什麼？」他說：「兩人第二次約會進了商店，商店裡的光線太好了，男生臉上的缺陷暴露無遺了，女生就說拜拜了。」透過此番「遭遇」，我明白了為什麼這位同事要在月亮下替人牽線，原因在於月光的照度有限，男生或者女生的臉要是不怎麼樣，就能掩蓋過去。

鎮墓獸。

其實就是月神西王母的化身，西王母主生死，守的是地界之門，鎮墓獸守著的墓穴實際上就是微縮的地界。

再聊聊女人生孩子與月亮之間的關係。女人生完孩子後的一個月時間稱為「坐月子」。從字面上理解，剛生了孩子的產婦至少得在家裡待上一個月。老一輩的人說，一個月之內產婦如果出了門受了風，就會落下病根，一輩子都治不好。實際上，坐月子只是漢族才有的習俗，這種習俗其實跟父權文化有關。人們認為婦女的經血是不潔淨的，分娩後的身體是汙穢的，故而有可能觸怒神靈，招致災禍，所以產婦在孩子滿月之前是不能離開產房的，就連吃飯也得在產房裡。不過，如此做法，表面上是貶低了婦女的生育，但卻為產婦恢復身體創造了一個很好的環境，對產婦來說倒是件好事。

我之前還有一個疑問：為什麼女人的經期恰好和月亮的變化週期相同？這有可能是天意 —— 為什麼幾乎所有動物的發情期一年內只有短短幾天？而女人除了月經期那幾天外，其他時候隨時都可以交媾並且受孕，人為什麼能夠成為萬物的主宰？或許，這就是原因之一。

中華民族為什麼自稱「炎黃子孫」？

　　我們常說的「龍的傳人」。傳人是什麼？就是兒女，龍被尊作共同的先祖，所有中華民族都是由龍所出。這其實有點令人難堪，為什麼這麼說呢？看看下圖您就明白了。

　　早期的龍皆為豬形，龍就是豬，豬就是龍，因此，將龍尊作先祖，也就是將豬奉為父母了。還有，《詩經》上說：「天命玄鳥，降而生商。」生了商的飛鳥也就是咱我們的先祖了；再有，近年來有人推敲出摶泥造人的女媧乃蛙的化身，所以，蛙也被尊作「長輩」。

　　龍是虛無的，豬、鳥、蛙都是動物，我們怎麼可能是出自它們的呢？再說兩個大家熟悉的「長輩」，炎帝和黃帝，他們原本是人，後來成了仙。如果說這二位是您的先祖，好像還比較可信！

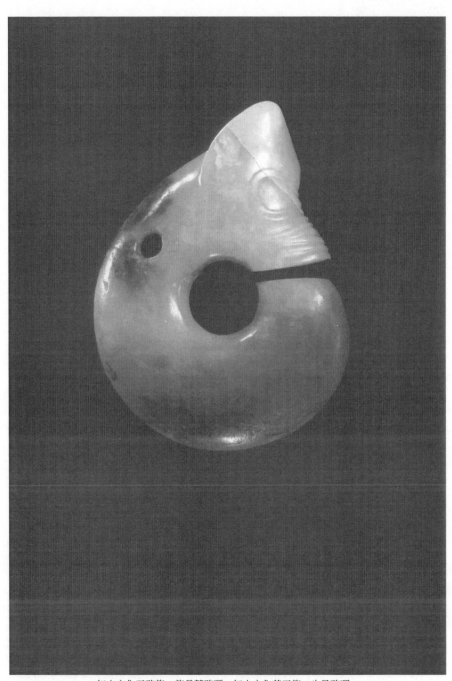

紅山文化玉豬龍，龍長著豬頭。紅山文化黃玉龍，也是豬頭。

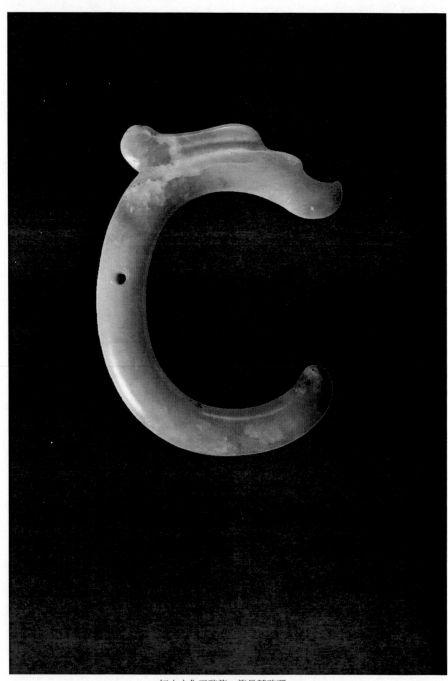

紅山文化玉豬龍，龍長著豬頭。

說到炎、黃二帝，古書《國語》裡說：「昔少典娶於有蟜氏，生黃帝、炎帝。」炎帝和黃帝原本是兄弟，後來，炎、黃各自成家立業生兒育女，建立了以各自名字命名的部落。

後來炎、黃二帝打了起來，為什麼？當然是為了各自的利益。從此華夏大地就再也沒能消停過。

先說炎帝，在古代神話傳說中，他既是太陽神又是神農氏和地皇。相傳，炎帝長著牛的腦袋、人的身體。想來炎帝的脖子上怎麼可能頂著顆牛頭呢？堂堂的太陽神是不可能頂著牛頭俯瞰眾生的，除非炎帝所在的部落圖騰崇拜的是牛，這一說法還算可靠。所以，炎帝的子孫們就將牛頭安裝在了自己祖先的脖頸上。細數炎帝的功勞，還不少呢：發明了播種五穀；嘗遍了百草，告誡人們什麼東西能吃，什麼東西不能吃；監管火、灶和藥；發明了鑽木取火、燒煮食物和鑄造青銅器。

炎帝功績卓著，且教子有方，比如炎帝的玄孫祝融，繼承了炎帝的衣缽，成了專職管火的神。祝融的兒子長琴，發明了作曲。

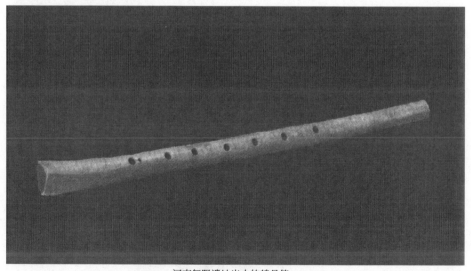

河南舞陽遺址出土的鶴骨笛。

這支用仙鶴的腿骨製作的笛子是八千年前的樂器，顯然，在長琴之前，已經有人懂得作曲了。

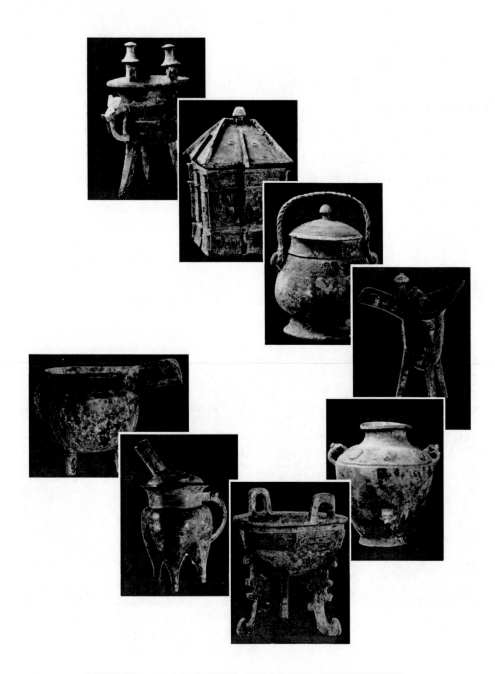

青銅器的發明，是古人告別石器時代，進入青銅時代的一個全新時代的標示。

祝融的長相跟他爺爺炎帝正好相反，炎帝是獸頭人身，祝融是獸身人頭。為什麼祝融的外貌跟他爺爺來了個大顛倒呢？暫時無從考證。

祝融的另一個兒子共工，專職水神。但是這個共工成事不足敗事有餘，在任期間，洪水泛濫，百姓遭殃。聽說大禹治水，卻百般阻撓；和顓頊爭帝失敗後，一怒之下竟然把不周山上的天柱撞斷了，結果天塌地陷，致使女媧挺身而出煉五色石補天，砍巨鰲四足撐天，才止住了共工的胡鬧。

女媧畫像石。女媧補天源於共工撞塌了天柱。因為共工，女媧便又多了一出偉大的事跡。

共工是個異類，生的兒子卻是出類拔萃。共工的兒子一個叫作后土，專管陰曹地府裡的死人，不過，後來被閻王爺給替代了；另一個兒子叫作修，專管築路，被百姓尊為路神。

雖說后土的工作不怎麼樣，但后土生的兒子卻讓他很有面子，這就是家喻戶曉的夸父。

夸父的行為應該說是一種精神，一種受辱之後不肯就範的生活態度。

炎帝還生了三個女兒：老大沒有名字，偷偷跟著赤松子跑去修仙了；老二叫作瑤姬，出生沒多久就死了；還有一個就是大名鼎鼎、無人不曉的精衛。

炎帝說完了，該輪到黃帝了。相傳，黃帝的生母附寶是大地之神的女兒，因為有電光環繞北，致使附寶受孕，生下了黃帝。

黃帝被尊為中華民族多元文化的始祖，他的功績有：馴化鳥獸、建造房屋、打造車船、製陶鑄鐵、發明錢幣；還有，踢球、墓葬、鏡子、書籍、門戶等也都是黃帝發明的。需要強調的是，鑄鐵的發明，使得人們告別了青銅時代，迎來了另一個全新的時代——鐵器時代，不過，鑄鐵的普及是秦漢以後的事情，怎麼會被算在黃帝的功勞上？或許是因為黃帝的豐績涵蓋的方面太廣的緣故吧。所以，鑄鐵技術就被說成是黃帝研發的了。

　　黃帝的能耐大，生育能力也特別強。《史記》上說：「黃帝生二子，其後皆有天下：其一曰玄囂……其二曰昌意……娶蜀山氏女。」另有史書上認定，黃帝有二十五個兒子；還有一些史書上說，黃帝有四十三個兒子。這些兒子長大以後，不可能都簇擁在老爸的身邊，黃帝將他們分封到了各地，由此，黃帝的子孫就遍及九州了。

　　俗話說「合久必分，分久必合」。炎帝和黃帝這對親兄弟，主導著各自的部落，沒多久都壯大了。人口多了，住得擠了，狩獵和農耕的場地也變得狹小了，二人的地盤重疊了，便有了利害衝突，於是，「一山容不下二虎」，炎帝和黃帝帶著各自的部落族群在一個叫涿鹿的地方昏天黑地地打了起來。

　　戰爭的結果，炎帝被黃帝打敗了，中原兩個最大的部落再次合二為一，不只是炎、黃二帝，就連他們的子孫也都不計前嫌、不分彼此了，兩個部落聯合在了一起，對外宣稱自己是華夏族。夏、商、周三朝的王以及後來的皇帝們都標榜自己是炎黃的真傳，而且還有根有據地將自己的姓氏攀附到炎黃的枝藤上，就連經常和中原政權勢不兩立的少數民族也常常聲稱自己和炎黃有瓜葛。

　　到了清朝末年，一些人看著大辮子不順眼，喊出了「炎黃子孫」的口號，煽動漢人造滿人的反，面對風起雲湧的排滿浪潮，紫禁城樓上卻也祭出了「我們都是炎黃子孫」的大旗。躲在紫禁城裡的大清皇帝和權貴們都明白，只要舉著「炎黃子孫」的旗子，數百年前被滿人逼著剃了頭、梳了辮子的九州諸族就會給自己面子，就不會將自己當作異族趕走。

　　那麼為什麼漢族人和少數民族都要標榜自己是炎黃的後裔？因為大家都明白，這樣宣稱，既有排異的功效，又有籠絡的機能，根本原因在於，只要揚言自己和炎黃沾親，天下就成一家了，都是親兄弟好姐妹，因為所有人都有自己是炎黃後裔的心理趨向。

　　額外說說「三皇五帝」。遠古時期的「三皇五帝」都有誰？史書上的記載不盡相同，歸納起來，大致有這樣幾種說法：

　　「三皇」：其一，《尚書·大傳》認為「三皇」為燧人、伏羲、神農；其二，《古微書》認定「三皇」為伏羲、神農、黃帝；其三，《風俗通義》推測「三皇」是伏羲、女媧和神農。「五帝」：其一，《大戴禮記》

說，「五帝」實為黃帝、顓頊、帝嚳、堯、舜；其二，《戰國策》認定，「五帝」是庖犧、神農、黃帝、堯、舜；其三，《呂氏春秋》認為太昊、炎帝、黃帝、少昊、顓頊為「五帝」；其四，《資治通鑑‧外紀》上說，黃帝、少昊、顓頊、嚳、堯才是遠古時期的「五帝」。

所有的記載裡面，每一條都包含黃帝。為什麼會是這樣的呢？有學者斷定，中華文明實際上就是黃土文明，生於黃土，長於黃土，為什麼黃帝要以「黃」冠之？因為，中華民族源於黃土。

門神防的是誰？

　　門神是掌管大門的專職的神。古代人發明門神是出於什麼動機？這項發明為什麼沒能跟著絲綢和瓷器傳到西方，並在世界範圍內普及開呢？在我看來，這就是「文化落差」！如同西方人感悟不出來「三寸金蓮」的真諦以及諸多益處一樣，說白了，中外文化存在的鴻溝是沒法彌補的。外國人根本不能理解請門神把守門戶的真實意圖，換句話說，門神流傳於中華數千年，絕對是有內在成因的。

　　關於古人造就門神的內在成因，有必要先來品味一下古代的室內設計。

　　從老百姓的四合院說起。假如您是來訪的客人，想要拜見房主，您必須先邁上三個石階，跨過齊膝的門檻，繞過寬大的影背牆，徑直往北走，到了正房門前，還必須再邁上三個石階，再跨過一道半膝高的門檻，這才能進得堂屋，見到房主。

　　而到了紫禁城，假如您是一名異邦的使者，想要面見皇帝，您必須順著南邊往北走，先鑽過三道陰森的門洞，才能瞧見威嚴的太和殿。從鑽第一個門洞起，到跪見萬歲爺，速度再快的來賓都得耗上差不多一個小時。

　　而長城呢，長城是世界上最長的院牆，從東至西穿平原跨山川，綿延數萬里。遙想當年，中原的歷代霸主們為什麼要堆砌這棟大牆呢？原因很簡單，就一個：防賊！防著覬覦自家的賊！實際上，這棟高牆，誰也沒能擋得住，包括紫禁

城的黑門洞、四合院的高門檻，也都是為了防賊，前者防的是不安分的百姓，後者防的是不懷好意的鄰居。

古時，上自皇帝下至百姓，每個人的防範之心都很強。國家砌長城、皇帝搭禁城、百姓蓋高牆，動機都是一致的：防賊！但是，即便如此，還是不踏實，於是，人們發明了守門的神，謂之「門神」。門神就是這麼來的。

至於說門神為什麼不如絲綢、瓷器一樣被洋人接受，或許要從中外不同的人文理念來考究吧。

首先，東方人善於守財，外國人（西方人）長於掠財。守財，在意防範，盾要堅實；掠財，注重進取，矛須鋒利。

因為總是怕人搶掠，東方人深挖洞、廣積糧、高築牆；因為老是惦記「拿來」，西方人從小便接受別人家的果子甜的教育，所以，洋人無心堆砌圍牆，也就沒有心思接受東方人的門神了。

不過，也有例外的時候，比如說強盛於亞洲大草原的匈奴，就曾血洗歐羅巴，或許是他們意識到了大敞門戶易遭不測，歐洲的貴族們也熱衷起修建堅固的城堡，但是，源自東方的門神並沒有被西方人認可和接受，因為西方人更講實際，與其說貼在那裡只為擺設，倒不如將城堡建得高一些、堅固一點，這樣，才能睡得安穩。

關於門的由來，道家的創始人李耳說得很通俗，因為有了房子，所以就有了門。早期的門是為了遮羞、擋風、防野獸的，後來，因為房子裡擺放了私有財產，門便又多了一個功能——防賊。

那麼我們再來聊聊門神的來歷。《西遊記》第十四回中，有對門神來歷的描寫，讀起來很是生動。

說有天晚上，唐太宗李世民夢見涇河老龍被人追殺，李世民欲出手相救，但是，雙腳就像被灌了鉛，只是著急，卻分毫不動。李世民眼瞧著涇河老龍被砍殺了。接下來的幾天晚上，涇河老龍都會提著血淋淋的腦袋前來責怪李世民，使得李世民徹夜難眠精神恍惚，連上早朝都是迷迷糊糊的。

秦瓊和尉遲恭得知這件事以後，自告奮勇提著各自的兵器，當夜便一左一右地守在了太宗的寢宮門前。那天晚上，涇河老龍又來了，但是，見到了兩位威武

的將軍便嚇跑了，太宗終於睡了個好覺。一連三天，秦瓊和尉遲恭都眉不皺、眼不眨地守在皇帝的寢宮前。

第四天，太宗實在不忍心讓兩位愛將再辛勞了，遂命宮廷畫師照著二人的樣子畫了畫像，貼在了寢宮的大門上。沒想到這招還真靈，從此以後，涇河老龍便再也不敢來騷擾唐太宗了。

秦瓊和尉遲恭都是身經百戰的大將軍，心甘情願地為唐太宗站夜崗，他們的忠心耿耿不僅感動了皇帝，也感動了百姓。後來，二位將軍的畫像被流傳到了民間，替老百姓把守起了家門。

實際上，秦瓊和尉遲恭並不是最早的門神。

甲骨文「門」，它的象形是相對著的兩個人持械作把守狀，原本就有守門的概念。如果按照老子的思維方式評價門的由來，倒是很直接：因為有了門，才有了不請自來的賊。

早在三千多年前的商代，貴族們將犀牛的頭骨作為裝飾物懸掛在宮殿的門楣上，在殷人看來，這樣做可以驅除妖孽，這應該是迄今發現的最早的專職門神了。還有就是，商代的貴族在修建宮殿的時候，都會將自己最親信的侍衛以跪姿埋在殿前的石階下邊，意在讓最可信賴的人看門守戶，這或許就是「門神」的雛形吧。

兩千多年前稱帝於嶺南的南越王趙胡的冥宮，墓門處立著兩具遺骸。被立在墓門外的人，就是專門為南越王把守冥宮的「門神」。

後來，大約到了秦漢時期，犀牛的頭骨被請下了門楣，取而代之的是一些抽象的怪獸，這些怪獸也不再在門楣上值班了，而是在與人視角持平的門面上，守門的怪獸也有了統一的叫法 —— 鋪首。

秦漢時期的鋪首不見了犀牛，那麼犀牛為什麼不再把門了呢？這是因為隨著氣候的變化，兩千多年前的中原地區較三千多年前的年平均溫度低了好幾度，犀牛、大象等熱帶動物被迫南遷。中原一帶，虎豹、豺狼、黑熊相互爭霸，沒有領銜的野獸了，於是，這時的鋪首便根據眾多猛獸的模樣形成了多元化的大雜燴，當時製作鋪首的原則是，只要模樣凶殘醜陋，能唬住房主，嚇住客人，就可以了，至於說有沒有嚇退竊賊的功能，未必！因為凡是小偷，自古都是不懂鬼神的。

南越王墓的墓門。下葬完成，繼承者要為死去的南越王殺死兩個男生為他把守冥宮的大門。

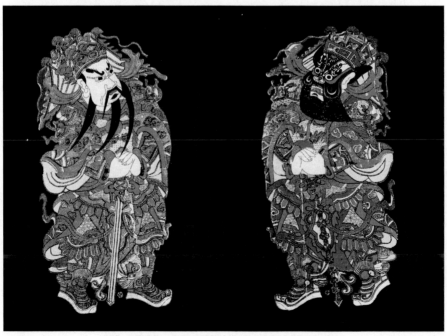

秦瓊、尉遲恭，身經百戰的大將軍，後來卻看起了大門。

其實在門板上釘上一對鋪首，意在嚇退鬼怪，這也未必。這麼說吧，我曾經看到過照著雞、狗、蝙蝠，甚至螃蟹的樣子做的鋪首，如果說，照著老虎、豺狼的樣子做鋪首在於嚇唬鬼怪，那麼就著雞、狗、蝙蝠、螃蟹等樣子製成的鋪首，唯一的功能就只能是助長鬼怪的歹意了。

可為什麼雞、狗之流也有資格當上門神呢？也許，房子的主人意在祈福，而用蝙蝠當鋪首，是在取其諧音，意在福滿廳堂；至於說為什麼拿螃蟹做鋪首，或許，生活在中原的百姓偶然見到螃蟹覺得奇怪，便照著螃蟹的樣子做出了鋪首。

《山海經》裡說：

「滄海之中，有度朔之山，上有大桃木，其屈蟠三千里，其枝間東北曰鬼門，萬鬼所出入也。上有二神人，一曰神荼，一曰鬱壘。」

這段話的意思是，滄海的中間有一座叫作度朔的山，山上有一棵大桃樹，桃樹的枝幹覆蓋了三千里，在桃樹的東北角有一個樹洞叫作鬼門，所有的鬼都從這裡出入，把門的是兩個神，一個叫作神荼，另一個叫作鬱壘。

所以說，神荼和鬱壘是最早的門神。

從以上的故事可以看出，門神從來就不是用來防賊的，而是用作驅鬼的。於是，前面說過，歐洲人是嫌門神不實用，所以不用門神，實際上，問題的關鍵是，西方沒有這樣的「鬼文化」，門神是用來防鬼的，不需要防鬼，自然也就不需要門神。

不過，自秦瓊和尉遲恭以後，門神任由百姓選，岳飛、孫臏、蕭何、韓信、趙雲、馬超、孟良、焦贊……有趣的是，連女人也被尊作了門神，誰呢？穆桂英！老百姓指望岳飛、趙雲、穆桂英這樣的門神來嚇跑惡鬼，是人盡其才，還是在亂點鴛鴦譜？充其量也就是藉著他們美化門面罷了。

門神雖被尊為神，但統治者通常是不關心老百姓的門板上立著的是哪尊神仙的，還有就是，歷代文人墨客對門神的事也不怎麼上心，所以，門神就變成純粹的民間的神了。

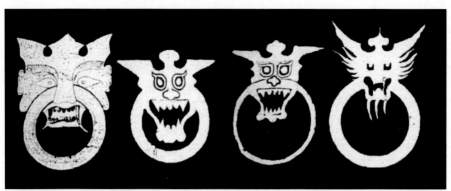

這四隻鋪首像是對獅子或者老虎臉面的變形，配上朱漆的大門，有撐門面的作用。

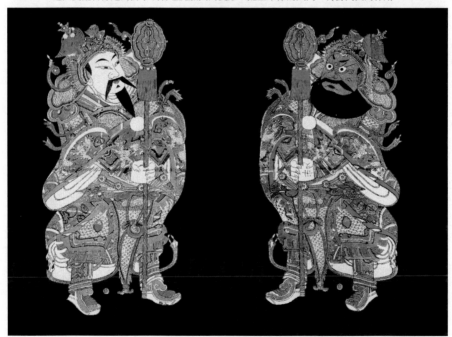

神荼和鬱壘，這二位才是最早的門神。

到了明代，百姓門板上的神越來越亂七八糟了，簡直就成了眾多神靈、諸位英雄的大雜燴，以至就連喜神、瀏海、狀元郎、觀世音菩薩和招財童子也都站在了門板上，心安理得地享受起了民間的香火。

後來我懂了，門神已經不僅是防鬼的了，貼門神更多的是為了招來吉祥，門神的職權被老百姓無目的、沒限制地擴充了。

商人怎麼就變得厲害了？

商人的「厲害」來源於殷商，一個強盛的王朝在幾
千年後留給後人的依舊是種種「盛跡」，就像殷墟出土
的大量商代貝幣，有些竟然是來自阿曼灣和南非灣的。

說到商人，先別往買賣人身上想，其實，「商」的
本義中沒有「買賣」的意思，只是商王朝的商人以殷為
都城，向四處分散擴張，逐漸稱霸中原，慢慢壯大。

商王朝的青銅和玉器，放到現在來說，隨便一件飯
碗大小的青銅器都能換幾輛最高配置的賓士車。這麼說
吧，自二十世紀初殷墟被發現以來，出土的商代青銅器
無論數量還是重量，比全世界所有同時期文明製作的青
銅器總和都還多。此外，出土的商代玉器，全都來自外
地，最遠的有產自新疆的。

更神奇的一點，就是我上面提到的商代的貨
幣──貝。近年來，考古人員發現，商人的這些
「錢」裡，有些是產自阿曼灣的貝，甚至，殷墟墓葬
裡，還有南非灣的貝。

甲骨文「商」。上面是王
冠，下面是城郭，頭頂著王
冠，三千多年前的商夠厲害
的吧？

後母戊鼎,曾用名「司母戊鼎」。這是迄今發現的世界上最大的古代青銅器,大鼎厚重雄渾,透著霸氣。
鼎上刻有商代青銅器的夔紋。商代青銅器上的紋飾是很講究的,每種紋飾都有著特殊的含義。

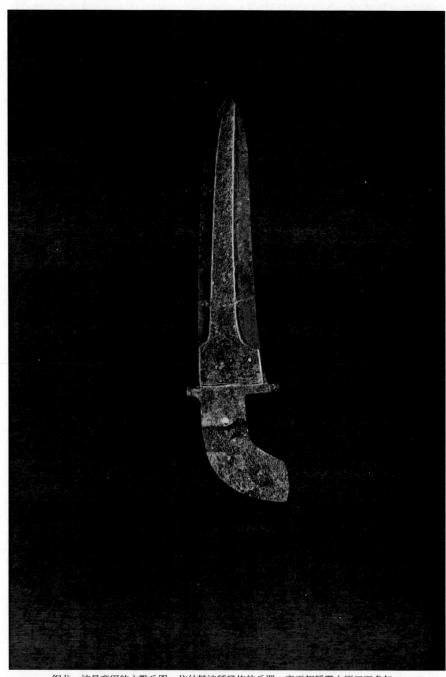

銅戈。這是商軍的主戰兵器，依仗著這種恐怖的兵器，商王朝稱霸中原五百多年。

考古發現，殷這個地方既不產玉，也沒有銅礦、錫礦，更沒有貝殼，可是為了維繫商王朝的日常運作，就需要大量的銅、錫和玉石資源，可是沒有啊，怎麼辦？商王朝的「商」人們想法很直接：搶！派兵出去搶！

從各地掠奪而來的銅、錫、玉石，最遠搶到了新疆。凡是被商人侵擾過的小國或者部落，無論遠近，幾乎都沒有本事和商王朝抗擊或直接抗拒的。透過強掠，強盛了王朝，稱霸了中原。常言道，三十年河東，三十年河西。後來，商不行了，特別是到了歷史上傳說的殺人如麻、奢侈無度的商紂王時期，商人不再屬害了。

商王朝潰敗使得商人不再屬害了，取代了商、稱霸中原的周武王將商人分成小股驅散到了各地。被遣散到各地的商人既不會農耕，又沒資格從政，只好開始從事買賣。西元前一○四六年，周武王率領部族聯軍，趁著商軍主力東征，打進了商王朝的都城殷。商紂王驅趕著臨時拼湊起來的奴隸軍匆忙應戰，戰鬥的結果可想而知，剛一接戰，商軍就敗了 —— 奴隸是不可能為昏庸的商紂王賣命的。見大勢已去，商紂王點燃火把，將自己連同宮殿、美女、珠寶全燒了，稱霸了中原五百多年的商王朝滅亡了。

為什麼商人被驅散了以後，就想起要從事買賣來養家餬口呢？原因很簡單，商人不光會掠奪，從很早之前，他們就懂得買賣做生意了。早在商王朝全盛的武丁時期，社會經濟就已經很繁榮了，隨著社會分工的不斷細化，原本的「以物易物」的交換方式變成了貨幣買賣。

甲骨文「買」。商朝的時候，貝是被當作貨幣使用的。漢字裡的很多和商貿有關的字都由「貝」做偏旁，比如賺、賭、貴、貧、貿等。

因此產生了三千多年前的貨幣——貝，這也是為什麼許多與商貿有關的現代漢字都從「貝」字旁的原因，而前面我們提到的殷墟出土的大量商代貝幣，有些是來自阿曼灣的貝，有些是來自南非灣的貝，而這些貝是怎麼到殷墟這個地方的，一直困擾著學者們，或許，它是一個永遠無法破解的謎。

私有制的確立和社會分工的細化促就了商人的商貿行為，不過，早先做買賣的人並沒有特定的名分。在商王朝滅亡以後，商人在做生意的時候，會在牛車上豎起一面寫著「商」字的布幡，人們見到了這個「商」布幡，就知道是買賣人來了。後來，人們乾脆就把做買賣的人叫作商人。

由稱霸四方的商人變成了沿街叫賣、兜售商品的商人，高貴變成了卑賤，商人不敢再厲害了。

范蠡、勾踐、夫差，這三個人據說都被一個名字連繫起來了，那就是西施。當西施成功將夫差「拖下水」，引得越國大勝之後，據說就是和范蠡遊戲於江湖之間。而范蠡不僅僅開創了一個強盛的國家，更成為歷代商人的偶像和聖祖。

有一天，范蠡的母親叫他把田裡的石頭撿乾淨，剛好這天范蠡和朋友約好到鎮上談生意。母親的吩咐不可違抗，可是如果自己去撿石頭，肯定會耽誤了生意。您猜范蠡怎麼做的？招來一幫鄉親，在田邊支起幾個大筐，范蠡對眾人說：「誰投進筐裡的石頭多，我就獎勵誰。」一個小時內，田裡的石頭就便被眾人撿乾淨了。范蠡獎賞給第一名一點錢，就急匆匆地趕到鎮上談生意去了。事後，范蠡大賺了一筆。節省了體力，節約了時間，范蠡可謂聰明至極。

范蠡的生意經是這樣的：

勞動時間——勞動結果：支付一小部分工錢；

省下時間——談生意：大賺了一筆。

後來，在幫助越王勾踐實現復仇大業以後，范蠡告別了勾踐，跑到一個叫作定陶的地方做生意去了，沒出一年，白手起家的范蠡就變成富甲一方的大商人了。再後來，范蠡被尊作陶朱公，被買賣人敬作祖師爺。因為善於經營，范蠡被尊作了財神。

范蠡的事說完了，實際上，從商王朝到清王朝，數千年間，基本上都是重農輕商，經商的人能算得上厲害的屈指可數。

商人是怎麼來的，大概都清楚了。那麼，商王朝的商人是怎麼來的呢？這裡說的不再是做買賣的商人，而是三千多年前商王朝的商人。

商人是從哪裡來的？《詩經》上說：「天命玄鳥，降而生商。」這段話的意思是，老天命玄鳥降到人間，生了商人。

玄鳥生了商人，這顯然是神話。但商人究竟是從哪裡來的呢？也就是說，商人究竟屬於什麼人種？先思索一下被商人敬奉為祖先的玄鳥是什麼鳥吧？郭沫若先生曾經做過這方面的考證。郭先生在看到了甲骨文的「高祖」兩個字以後，有了自己的見解——玄鳥就是男性生殖器。

當今中原地區民間常會將男性生殖器叫作鳥，這有可能就是從三千多年前商人的先祖觀念繼承來的。商人是我們的祖先，鳥是商人的祖先，我們豈不成了鳥的子孫了嗎？其實，在龍之前，我們的祖先也曾將鳥當過好長時間的祖先呢。

不過，話說回來了，鳥，商王朝的商人，也就是生物學上說的祖先的根源到底在哪裡呢？

一九三六年，有個美國人類學家意外地發現，殷墟遺骸中包含黃種人、白種人和黑種人。三千多年前，中原腹地怎麼可能有白人和黑人呢？如果這件事是真的，我們豈不是黃、白、黑三個人種的混血後裔了？後來，一位學者又有了驚人的發現：商王朝的商人由蒙古黃種人、高加索白人、因紐特人、海洋類黑人和無法確認的小頭小臉人組成。三個人種就夠嚇人的了，怎麼又多出來兩個，變成五個了？！再後來，關於商王朝的商人到底屬於什麼人種，因為高科技的介入而變得更熱鬧了。也就是在幾年前，有人把 DNA 技術引進了對商人人種的鑑別。鑑別的結果，商人的基因更趨向於白種人！就是說，你我都有可能是白種人的子孫。不信？但是 DNA 就是 DNA，這可是科學！看來，科學也有讓人費解的時候。

鍾馗怎麼變成抓鬼的鬼了？

相傳，鍾馗是一個醜八怪，醜到了什麼程度？醜到了連皇帝看了都眼暈。不過，即便長得醜，在陽間受盡了歧視，可到了陰曹地府，鍾馗卻施展出了卓越的才能，做起了抓鬼、斬鬼、吃鬼的工作。而且，鍾馗還活在陽間的時候，曾高中狀元。那麼，好好的一個狀元郎，怎麼做起了抓鬼的行當呢？

在老一輩人的傳統思想裡，如果自己被別人算計吃了虧，常會自我開解：「善有善報，惡有惡報。」然後，狠狠地盯著占了自己便宜的傢伙，心裡說：「你就作惡吧，等到了陰曹地府，鍾馗是饒不了你的！」這種思想延續了好長時間，鍾馗也就成了那些人的精神寄託。

那麼鍾馗怎麼就成了百姓的精神寄託了呢？這麼說吧，當時百姓深受權貴欺凌，難討公道，既然在陽間毫無發言權，於是老百姓便把希望寄託在了陰間，但是，陰間的閻王爺和陽間的皇帝是同一條心的，根本無法指望。陽間的皇帝對陰間的官員，通常都是無暇顧及的，於是，老百姓便推崇起了專抓惡鬼的鬼——鍾馗，他們相信，在陽間受的冤屈，到了陰間，鍾馗是能替他們申冤的。

古時的人偶。凶神惡煞，古人以為，唯此面相，才能驅鬼。

和大家認為的所有陰間的鬼一樣，鍾馗也是一個嚇人的醜八怪：豹的腦袋，老虎的額頭，黑黑的大臉上鑲著一對核桃似的大眼睛，滿臉的鬍渣。鍾馗的具體工作是不分晝夜地抓鬼、斬鬼、吃鬼，被鍾馗宰殺了吞進肚子裡的鬼，都是被百姓認定的在陽間惡貫滿盈的惡人，於是，老百姓終於有了申冤的去處和復仇的機會。

因為鍾馗抓鬼有功，萬眾敬仰，驚動了天上的玉皇大帝。為了籠絡人心，玉皇大帝親自為鍾馗頒發了「驅魔帝君」的終生成就獎。

長得奇醜無比，卻被玉皇大帝授予了至高無上的榮譽，您是不是會好奇，這個醜得連鬼都害怕的鍾馗，是什麼時候、從哪裡來的呢？實際上，鍾馗被創造出來還有皇帝的「功勞」呢。

彎腰駝背，蓄著鬍子，猥瑣中帶著幾分凶相，此等相貌，不用鬼來，他就足以嚇死人了。

唐朝的時候，有個叫鍾馗的人文采出眾、武藝超群，但是，常言道「人無完人」，唯一令鍾馗父母難堪的是，兒子生來就醜得嚇人。

這一年，鍾馗遠赴長安考取功名。在京城的大街上，鍾馗遇到了一個算命先生。鍾馗心想：「我就要進考場了，不妨讓這位先生算算前程。」

鍾馗走近了算命先生，說道：「老先生，我叫鍾馗，進京趕考，您幫我算算前程吧。」

算命先生抬眼一看，頓時漲青了臉，低沉地說：「您在這裡寫個字吧。」

鍾馗將自己名字中的「馗」字寫在紙上遞給了算命先生。

算命先生看著「馗」字，思索了一會兒，說道：「恕我直言，此番趕考，您必逢凶。」

「此話怎講？」鍾馗急切地問。

算命先生指著「馗」字說：「『馗』字由九和首組成。首，也就是腦袋，被拋在了一邊，日後定有殺身之禍。」

「什麼？殺身之禍？」鍾馗不相信算命先生的掐算，丟下了一些碎銀兩，一甩手氣哼哼地走了。

到了張榜的日子，鍾馗擠進人群，不禁大喜，鍾馗中了頭名狀元。

「馗」由「九」和「首」組成，首，也就是腦袋，被拋在了一邊，日後恐有大禍。

身為陰間的管理者，鍾馗也常出巡，抬轎子的，打幡造聲勢的，全都是鬼，就連鍾馗身後的妹妹、侍女也被描繪上了鬼相。

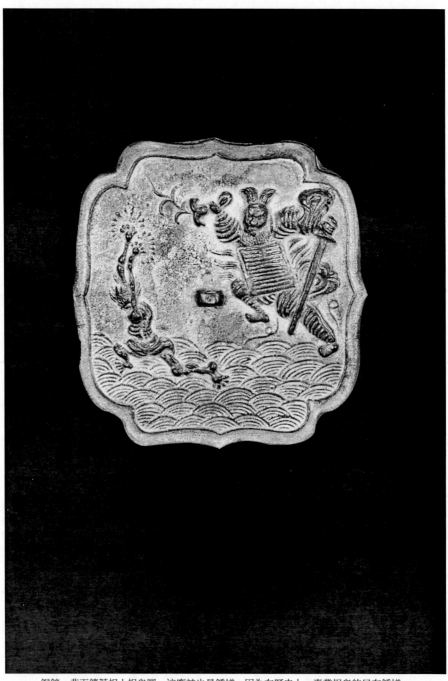

銅鏡,背面鑄著相士捉鬼圖,這應該也是鍾馗,因為在歷史上,專業捉鬼的只有鍾馗。

鍾馗，陰間的審美標準和陽間是不一樣的。

　　按照唐朝的慣例，皇帝是要接見狀元的，但是，見到了新科狀元，德宗皇帝的臉卻變了，站在臺階下的新科狀元醜得差點讓皇帝把早膳吐出來！少頃，德宗皇帝嘟囔道：「這個金科狀元長得也太醜了。」

　　見到皇帝不悅，大臣韓愈連忙跪奏：「人的品德，不在相貌，皇帝您聽說過身高三尺的晏嬰開創齊國霸業、和孔子以貌取人錯失了子羽的故事吧？今因厭鍾馗相貌醜陋便欲逐之，臣下以為實有不妥。」

　　聽罷韓愈的勸奏，德宗似有所悟，但就在德宗猶疑不決的時候，心胸狹窄、妒賢嫉能的宰相盧杞跪下了身，埋著頭奏道：「狀元乃朝廷的門面，讓鍾馗這樣的醜八怪當頭名狀元，會讓大唐朝丟盡顏面的，依臣的意思，乾脆換一個相貌端正點的。」德宗皇帝聞聽此言，點頭稱是。

　　聽到盧杞的話，鍾馗大怒，跳著腳罵道：「奸詐盧杞，坑國害民！」

　　鍾馗竟敢在朝堂上辱罵當朝宰相，德宗急忙下令殿前武士將鍾馗拿下。七八個武士舉著佩劍把鍾馗圍了起來，鍾馗閃身跨步搶過武士的佩劍，仰面長嘆：「失意的老虎不如貓，落毛的鸚鵡不如雞！」說完，舉起劍，往脖子上就是一抹。武士的佩劍削鐵如泥，就這麼一抹，鍾馗便「咣當」一下倒在了殿前，死了。

　　看到鍾馗就這麼死了，德宗皇帝意識到死去的新科狀元非同尋常，感到相當後悔，一個頂天立地的人才就這麼沒了。為了收買人心，也為了悔過，德宗皇帝下旨將鍾馗按狀元的身分厚葬，爾後，又替鍾馗封了官，叫「驅魔大將軍」。可憐的鍾馗，考取了功名卻丟了性命。

　　來到陰曹地府以後，閻王爺卻不在意鍾馗的相貌，既然能在陽間高中狀元，鍾馗肯定是個可用之才。鍾馗剛在地獄報完到，就被閻王爺派到奈何橋上抓鬼了。鍾馗很快就圓滿完成了任務，再後來，閻王爺將鍾馗的才學和良好表現稟報給玉皇大帝。

　　鍾馗當真像閻王爺稟報的那般剛正嗎？玉皇大帝將信將疑，為了檢驗鍾馗的品行，玉皇派了幾個風騷的仙女下到陰曹地府勾引鍾馗，可鍾馗呢？坐懷不亂不為所動。看過了閻王的奏章，考察了鍾馗的德行，玉帝便也認定鍾馗的確是一個「鬼才」，隨即將鍾馗招上了天宮，當著文武百官的面替鍾馗封了一個十分榮光

的謚號：「翊聖除邪雷霆驅魔帝君」，「帝君」？鍾馗充其量也就是一個抓鬼的鬼，此等榮耀即便是在陽間，即便是立過再大功績的文臣武將都很難得到，羞憤而亡的鍾馗終於得到了功名，而且得到了陰陽兩界統治者的一致認可。

在陽間不得志的鍾馗，到了陰間卻功成名就。鍾馗在陰間得志以後，其實對統治者沒什麼用處，沒多久便被天上的玉皇、地上的皇帝給淡忘了，不過，老百姓卻抓住了這個契機，將鍾馗拉進了自己的隊伍，當作了精神寄託。

鍾馗在當了抓惡鬼的鬼官以後，因為做了很多好事，越發地被百姓愛戴，能耐也隨之見長了。

當了專門管鬼的官，整日美女環繞，醜陋的鍾馗飽嘗了豔福。

鍾馗嫁妹，鍾馗長得奇醜，估計他妹妹也好不到哪去，但是，鬼頭搭的橋，誰還敢不應允呢？

據說，鍾馗曾跑到陽間除霸安良，地獄裡的鬼怎麼忙起了陽間的事呢？由此看來，老百姓對鍾馗的期望值是很高的，在過高的期望值的驅使下，老百姓將鍾馗提升為陰陽兩界都能發揮作用的神通廣大的仙了！單就這一點來說，不管是天上的玉皇還是地下的皇帝，都不可能有這等能耐的。

聽說過鍾馗嫁妹的故事嗎？鍾馗死了以後，為了報答前恩，曾經率領陰曹地府的妖魔鬼怪聚眾陽間，將自己的妹妹嫁給了生前的恩人。

為了紀念鍾馗，每年端午節，有些民間地方至今還流行「跳鍾馗」的舞蹈，意在驅除五毒。民間跳鍾馗舞的時候，由五個人戴著標示著蜈蚣、蠍子、毒蛇、癩蛤蟆、蜘蛛五毒的高帽，扮作惡鬼沿街大叫亂舞，這時，赤面紅袍持劍的鍾馗登場，鍾馗前有蝙蝠引路，後有兩個舉傘提酒的侍者緊緊跟隨，亮相以後，鍾馗便與五毒廝殺起來，不一會兒，五毒都被鍾馗殺死了。

關於鍾馗的由來，前面說的都是民間流傳的版本，近年來，有學者經過研究認定，鍾馗並非真有其人，而是由古代農曆臘月舉行的祭祀活動中驅鬼的法器「終葵」演變而來的。做出這樣的研究結論的根據是：第一，鍾馗醜陋的外形和驅鬼時戴的面具很像；第二，「鍾馗」與「終葵」的讀音相同；第三，「終葵」所做的事也與鍾馗一樣；再有就是，唐朝的正史中從未有過名叫鍾馗的人考取狀元的記載。因此，我們可以這樣認為，鍾馗並非出自唐代，而是早已有之的。鍾馗是從驅鬼的法器演變而來的，經過民間的口口相傳，最終成了一個活生生的鬼不鬼、人不人的神仙了。

盤古是一個什麼樣的神？

山西鹽池。因為學會了吃鹽，幾乎是在「一夜之間」，人們變得聰明了起來；另有學者認為，古人被「基因突變」了，突變源自「外星人」。

內蒙古敖漢旗紅山文化出土的陶人。三個少婦擁抱在一起，有學者認為，女人抱在一起，
有強化生育的意味，多生多育，是遠古時期的最高信條。

大約是在一萬年前，人們學會了主動吃鹽，然後慢慢變得聰明起來，告別了苦熬兩百多萬年的舊石器時代，跨進了開啟文明之門的前沿——新石器時代。

　　學會了思考以後，古人開始思索起身邊的萬物，比如風雨雷電、地震水災、冬去春來、生老病死，眼前千變萬化的事物是從哪裡來的？古人想不明白：為什麼先輩們相伴著笨拙的石器走過了漫長的艱辛？思索來、思索去，古人悟出這樣一個結論：因為先輩們生活的是一個黑暗困頓的環境，所以，先輩們歷經那個時代的時間就相當長。後來，有個厲害的神開天闢地，創造了肥沃的土地、富饒的山川、清澈的河流，人們這才有了安居的樂園。這位開闢了全新天地的神叫盤古。

　　《三五歷記》上對於盤古的壯舉是這樣記載的：「天地渾沌如雞子，盤古生其中。萬八千歲，天地開闢，陽清為天，陰濁為地。盤古在其中，一日九變，神於天，聖於地。天日高一丈，地日厚一丈，盤古日長一丈，如此萬八千歲。天數極高，地數極深，盤古極長。後乃有三皇。數起於一，立於三，成於五，盛於七，極於九，故天去地九萬里。」

　　這段話的意思是，在盤古沒有開闢天地之前，宇宙就像是個大雞蛋，混沌一團。盤古在這個「大雞蛋」中睡了一萬八千年，醒來以後，他發現周圍是黑暗的。盤古張開手臂向黑暗劈去，一聲巨響，「雞蛋殼」碎了，混沌的黑暗被打開了，藍色的天幕漸亮。蛋殼厚重的物質慢慢下降，變了土地。

　　盤古站起身，環顧四周，天地在顫抖，慢慢地，天、地又重新向一起合攏了起來，盤古見狀，抬起雙臂，腳踏大地，讓自己的身體一點點長高，藍天隨著他的身體長高而每天增高一丈。就這樣，整整過了一萬八千年，天越來越高，地越來越厚，終於適合萬物生長了。

　　那麼開闢了天地的盤古是一個什麼樣的神呢？

　　相傳，遠古的時候，有個叫高辛的王。這個高辛王養了一條神奇的狗。這條狗的本事非常大，可以觀天象、定農時、建房舍，凡是人會做的事這條狗都會做，簡直就成了高辛王的左膀右臂，高辛王實在離不開它了，索性將自己的女兒嫁給了這條狗。

　　狗跟高辛王的女兒結婚以後，生養了四個兒子，這四個兒子被高辛王分別賜予了藍、雷、盤、鐘四個姓氏，被賜封到了東南西北四個地方，成了四個強大的

部族。從此以後，藍、雷、盤、鐘四個部族生育了一代又一代子孫，而這些子孫們自然而然就將高辛王的狗視為自己的先祖。而高辛王的這條狗叫作「槃瓠」。經過歲月的流逝，時代的更迭，槃瓠在民間被傳作了「盤古」，這或許因為「槃瓠」和「盤古」的讀音相近，後世的人們才會有了這樣的口誤吧。

　　盤古原本是遠古時高辛王的一條忠實的狗，即使有幸被高辛王招為女婿，但狗畢竟還是狗，所以，盤古還是必須「伏」於高辛王的腳下。

「數起於一，立於三，成於五，盛於七，極於九，故天去地九萬里。」
古代人認為，大世界是由小的世界累加而成的。

石磬，出土於距今四千五百年至三千九百年之間的山西襄汾陶寺龍山文化遺址。
石磬在於奏樂，人們吃飽了、喝足了，精神生活也要豐富起來。

　　有關盤古的起源，學術界有兩種說法，其一，中原的盤古源於西南，三國時期有個文人叫徐整，徐整在編寫《三五歷記》的時候，將流傳於南方的「槃瓠」的傳說加進了中原的「盤古」。倘若依照這種說法，盤古的神話傳說是自西南傳入中原的；其二，當今有一座山叫作盤古山，傳說這座大山就是當年盤古開天闢地、造化萬物的地方，依此來看，盤古的神話傳說是起源於中原的。

　　無論盤古生於哪裡，都是一個被誇張的、美化的神，對此，徐整在《三五歷記》裡還有另外一段記述：「天氣蒙鴻，萌芽茲始，遂分天地，肇立乾坤，啟陰感陽，分布元氣，乃孕中和，是為人也。首生盤古，垂死化身；氣成風雲，聲為雷霆，左眼為日，右眼為月，四肢五體為四極五嶽，血液為江河，筋脈為地理，肌肉為田土，發髭為星辰，皮毛為草木，齒骨為金石，精髓為珠玉，汗流為雨澤，身之諸蟲，因風所感，化為黎甿。」按照徐整的說法，就連人也是盤古創造的。《三五歷記》對盤古的記述帶有明顯的人文傾向，顯露著古人在「造神」時期飽含的強烈的主觀意念。實際上，透過對盤古的神話傳說的詠讀，是可以得出這樣的結論的：盤古其實也是人，是被無限拔高了的人，所以就變成神了。

盤古原本是一隻狗，狗也成了我們的祖先之一了。

甲骨文「犬」和「器」。狗守著家財，對於人來說，允許狗和自己一起生活，因為狗忠誠。

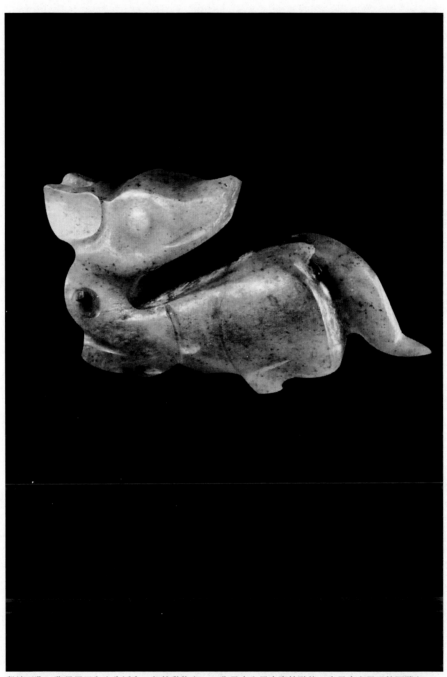

殷墟玉狗。狗是最早和人生活在一起的動物之一，狗是古人最忠實的夥伴，也是古人最早的圖騰之一。

遼寧朝陽市的牛河梁紅山文化積石塚的中心大墓。唯玉為葬是紅山人的信條，墓主人身邊隨葬著很多玉器，在紅山人看來，玉有神性，死者是被神化了的先祖。

古滇國春播青銅貯貝器。兩千多年前的古滇民在春播之前都要祭祀，祭奠的神中應該包括盤古。

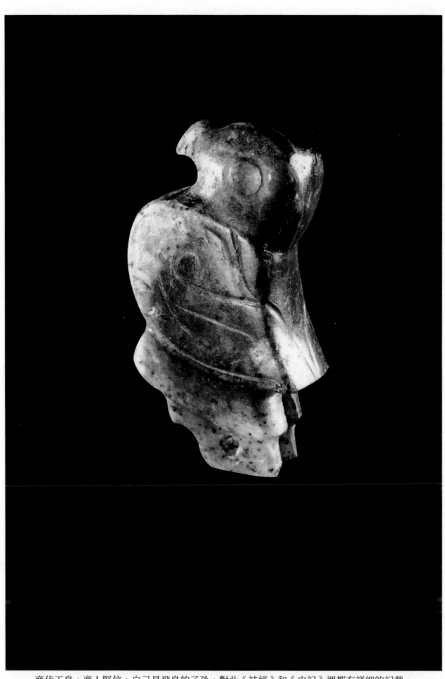

商代玉鳥。商人堅信，自己是飛鳥的子孫，對此《詩經》和《史記》裡都有詳細的記載。

還有一點有必要強調一下，為什麼傳說中盤古是從蛋殼裡掙脫出來的？這與遠古時期，人們的飛鳥崇拜有著直接的關係。那麼古人為什麼會崇敬飛鳥呢？因為飛鳥給予了古人無限遐想的空間，當古人搞不清楚自己是從哪裡來的時候，古人推測，是飛鳥生育了自己。這種信仰即便是到了三千多年前的商代，儘管當時的生產力已經很高了，但是商王朝的人們仍然堅信自己是飛鳥的子孫；再來就是，古時候，低出生率、高死亡率使得原始部落人口的增長十分遲緩，而飛鳥幾枚、十幾枚鳥蛋的生育能力令古人非常羨慕。古人幻想，有朝一日，自己也能有如飛鳥一樣的生育能力。

巫是人還是神？

俗話說「黃金有價玉無價」，為什麼玉是無價的呢？因為人們相信，玉有神性。那麼玉為什麼會有神性呢？因為玉曾經屬於巫，是巫令玉有了神性，因為有了神性，所以玉就無價了。

世界上所有的文明在起源階段都曾有過巫，但唯獨東方的巫鍾情於玉，並且延續了下來，所以，玉就僅僅在東方成了無價之寶。不過，玉和巫的淵源是怎麼來的呢？

右圖是發現於內蒙古的陰山岩畫，這幅岩畫距今有近一萬年了。畫面正中是一個巫，巫帶著眾人正在向太陽神祈願。

陰山岩畫。一萬年前，部落裡所有的事物都由神說了算，實際上，就是由能通神的巫說了算。

前面章節中，我們提到過的興隆窪聚落遺址中，出土的那顆少女的頭顱，其右眼眶裡鑲著一隻玉玦，考古人員推測，這名少女或許是八千多年前聚落裡的巫。

五千年前的巫借助玉琮建立與天神的溝通。

玉琮。琮用作祭天，巫的靈魂透過琮中的圓孔飛向天空，領受天神的指點。

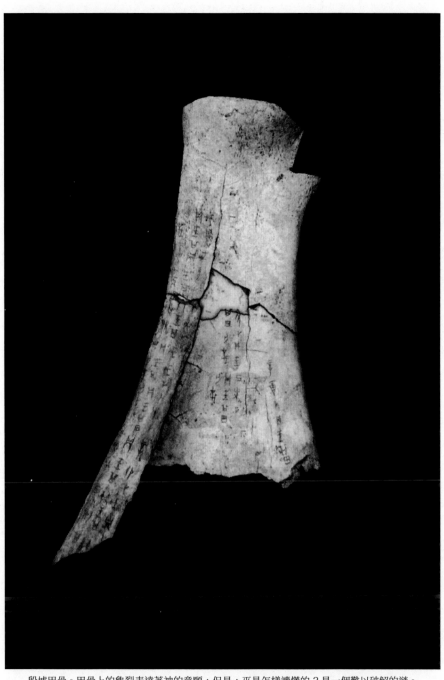

殷墟甲骨。甲骨上的龜裂表達著神的意願，但是，巫是怎樣讀懂的？是一個難以破解的謎。

巫的職責就是與神溝通，巫是神在人間的代言人，不過，巫又是怎麼來的呢？

遠古時期，人們相信世界的千變萬化都是神操控的。神雖然是看不見、摸不著的，但卻無處不在。古人期盼能與主宰世間萬物的神取得溝通，以得到神的庇護，但是，怎樣與神溝通？誰又能與神溝通呢？後來，部落裡有個不願意狩獵、採集果實，卻想法極其古怪的「能人」，據這個「能人」說，自己可以和神說話，這人就被部落民眾尊作了「巫」。

甲骨文「巫」。巫不但主持著人們的日常生活，而且還主導著國家的大事——因為，巫代表著神的意志。

巫是怎樣與神溝通的？

八千年前，在興隆窪人的聚落裡，淡淡的秋風吹走了殘存的落日餘暉。聚落裡想法古怪的女人點燃了營火，大家靜靜地跪坐在她的四周。女人站起身，從耳朵上摘下了一隻玉玦，雙手捏著並舉過頭頂。慘澹的月光摻和著閃耀的篝火，映照著女人滿是褶皺的臉頰。女人雙唇微張，參差的牙縫裡擠出了誰也聽不懂的斷續的音符。過了一下子，女人低下了頭，將玉玦重新戴在耳朵上，喃喃地說道：「神已經聽到了我的請求，答應冬天護佑部落。」

女人就是部落裡的巫，借助玉，與神建立了溝通。因為凡事都要向神請示，女人成了部落裡專職的神職人員，女人死了以後，部落裡又選出了屬於自己部落的半人半神的巫——因為需要，所以就有了巫，巫就是這麼來的。

實際上，商代並非巫的起源，早在上古時期，巫的職責範圍涵蓋了天文地理、人文醫卜、星象五行、祭奠神靈等多個方面。

《山海經》記載：「有靈山，巫咸、巫即、巫盼、巫彭、巫姑、巫真、巫禮、巫抵、巫謝、巫羅十巫，從此升降，百藥爰在。」

巫無所不能，三千多年前，商王武丁忽然牙痛難忍。祭祀場上，巫在甲骨的一面鑿出圓形的凹槽，然後，將王的病情刻在了甲骨的另一面，接下來，巫將甲骨置於火上燒灼。隨著骨面上出現了許多不規則的龜裂，巫跪坐在武丁的身側說：「大王，我已經將您的病情向先王稟告了，先王說了，他會幫助您止痛的。」

早期的巫是部落生活的決策者，到了夏、商、周時期，國家形成了，但是，

人們對自然的認知在許多方面仍舊停留在開蒙階段，人們仍舊需要聆聽神的旨意。

三千多年前，曾經雄視九州五百多年的商王朝就將「在祀與戎」即祭祀與征戰作為「國之大事」。正因如此，巫非但沒有退出歷史舞臺，反而成了接受國家俸祿的專職人員，在夏、商、周的歷史進程中扮演了舉足輕重的角色。不過，這一階段，巫大多由男人擔任，原因是父權取代了母權，男人成了社會生活的主角。

巫不是神，但巫有本事通神。因為神凌駕於人，神有本事降福，也有能耐消災。古人深信，只要肯聽神的話，就能免除災禍，但是，神的話一般人是聽不到的，所以，巫在這一時期仍舊扮演著通神的主角，有了左右社會意識形態的超凡能力。

巫施展法術，也就是與神溝通的過程通常都會令人瞠目結舌，比如加勒比海島國上的巫懂得使用當今雜技演員口噴火焰的技巧，因此族人對他（或她）萬分折服，甘願聽從他（或她）傳授的神的旨意；薩滿教的巫，穿著比身體還重的巫裝，不停歇地舞蹈數小時，薩滿教的巫從哪裡來的超常體力？至今，仍舊是一個謎；巫乞神的舉止（嚴格地說是「表演」）常會令旁觀者身陷其中，心甘情願地接受起了神的也就是巫的指使。漢字的「跳」，足字邊上加個兆，這是自巫祈神而來的，由「跳」，便能感受得出巫在與神溝通的時候，是如何演繹的了。

我在一九八〇年代初的時候。看到過薩滿教巫師的法衣。一位體重僅有四十幾公斤的女巫，穿著五十幾公斤重的巫裝，不停地舞蹈了一個多小時，女巫充足的體力，令我驚訝。

在很長的一段時間裡，巫扮演的都是神的代理和替身，可以這樣說，巫與神同宗同源，二者的存在是一種誰都離不開誰的共生連體的關係。

話又說回來了，神是什麼？為什麼會被巫拿來應付人呢？

先看看下頁圖甲骨文的「神」字，它是一個人謙卑地站在祭壇前的象形。

曾經，神在人們的心目中是萬能的，生活中如果沒有了神就將變得萬萬不能了。世界上各個民族、各個國家都曾經歷過紛繁熱烈、嚴肅認真的造神運動。不僅有開天闢地的盤古、摶泥造人的女媧、治理洪水的大禹、呼風喚雨的蛟龍，

甲骨文「神」。人在祭祀即為「神」，由這個字可以推測出「神」不過是人的創製。站在祭壇前的人應該就是巫，巫借助祭壇正在與神交流。

先人們還編撰出了一大堆平易近人、非常實用的神，比如灶神、門神、火神、閻王爺等等。那麼神究竟是什麼？實際上，誰都能解開這個謎。什麼是神？說白了，比您地位高的人就是神。而且神比人的能耐大，神的好惡關係到人的切身利益，神能幫助人實現夢想，如果您能從這個角度去感知神、感受神、感悟神，您就能理解我的觀點了。

在巫把持人類意識形態的那個時代，巫的智商絕對是強於一般人的，要不然怎麼就偏偏巫才能讀懂神的旨意？才能執導得了社會生活呢？其實，巫這項職業，並不是飽食終日的美差，我在殷墟考古時，發現每塊使用過的甲骨上都有占卜巫師的名字。然而，在之後出土的一些甲骨上，巫師的名字突然間就沒有了。我認為，這是由於巫所占卜的結論與事後的結果相悖，人們深信神不會出錯，出錯的只能是巫，於是，巫的性命難保了。

關於巫的稱呼，實際上，不同地方、不同文化背景以及不同時代對巫的稱呼是不一樣的。

黎族把巫稱為「娘母」。最開始的時候，「娘母」只是女性的專利，後來男人們也加入了這個行列，但男人在「作法」時需要穿上女性的衣服；阿昌族把巫叫作「勃跑」或者「活袍」，漢語的意思是「魔頭」；在西藏，墨脫門巴人把巫稱作「覺母」或「把莫」。在不同的歷史時期，人們對巫的叫法也是不一樣的。戰國時期，中原人把巫叫作「巫祝」；楚地的人們將巫稱作「靈子」；唐朝時，人們將服務於宮廷的男巫叫作「鬼師」，女巫稱作「師婆」；到了五代時期，女巫被人們叫作「巫女」。在法國，巫被稱為「Sor」，就是可以借助祭祀改變他人命運的人。

說了巫的不同稱呼，那麼什麼樣的人才有資格當巫呢？

古時候，考核一個人有沒有當巫的資格，不光要看他的智商，還得有較高的道德素養才行，這是當巫的首要前提。比如說，景頗族選擇巫，首先要審查接受考察的人有沒有犯過偷東西、搶財物等錯誤，如果有，被考察者就沒資格當巫。

景頗族人認為，巫必須具備表率作用，擁有引導社會風氣、樹立道德規範的品性。除了這些權衡的標準以外，巫如果能具備一些先天缺陷，比如瞎子、瘸腿等，都會成為「競選」巫的生理優勢，因為這類人能夠把通神的過程演繹得更唬人、更逼真。有時候，一些經歷了大病的人也會被選作巫。人們普遍認為，既然鬼神都沒能把這些病人帶走，那麼這些人肯定有著常人所不具備的能耐。如此說來，巫不是隨便什麼人都能勝任的。

在歷史上曾盛行過「暴巫」，就是將巫扒個精光，綁在烈日下曝晒，以求老天賜雨；十五世紀至十八世紀期間，在歐洲，巫曾遭到過殘酷的迫害。那時，不管是誰，只要被教會認定是巫，都要被斬首示眾。

俗話說「天生我才必有用」，到了秦漢時期，一些巫因勢利導將自己的法術拓展了，所謂「因勢利導」，說白了，巫因的就是秦漢兩代的統治者篤信神仙的勢。在形勢的感召下，巫吸取了道家、陰陽家的養生理念，搖身成了舉著長壽大旗的特殊的社會階層 —— 術士。到後來，術士的伎倆被人們唾棄，一部分巫又轉入了道家門下，成道了。

順便說一句，因為巫通常扮演的是指導者的角色，所以也被人們稱為「師」，即巫師。

廣州南越王墓出土的五色石。秦漢時期，包括硫黃在內的五色石常會被術士用作煉製延年益壽的仙丹，但是，常服仙丹的帝王們卻沒有一個能夠長壽。

古人爭天下為什麼在意誰殺死鹿？

聽說公鹿的鹿心血是名貴的藥材，如果有人病入膏肓將要離世，喝兩勺公鹿的鹿心血就能起死回生。

二十年前，我在西藏的山裡做考古發掘，忽然看到對面山坡上立著一隻傻呆呆的麝（屬鹿科），在工地上幫忙的藏民馬上提著槍帶著狗從旁邊圍了過去。不一會兒，這隻麝被狗圍堵到了我們的面前，緊跟著，提著槍的藏民也追了過來，舉槍，射擊，麝應聲倒地，藏民跑過去，拔出插在腰間的小刀，衝著麝的肚皮就是一撐，眼瞧著肚皮下面連皮帶肉被割下來一大塊。我不解他的舉動，問身旁另一個藏民：「他割麝肚子上那塊肉幹嘛？」藏民說：「那是麝香，很值錢。」麝香？我聽說過這個東西，據說包治百病，於是，我走上前，和那位藏民說我想買麝香。他伸出了兩個手指頭，嘴裡說：「沒有兩千塊不賣！」我說：「一千！」他搖搖頭，轉身走了。考古發掘工作完成以後，我來到拉薩，在市場上看到與藏民割下來的差不多大小的麝香標價八千！離開西藏，到了成都，我又看到市場上一塊還沒有藏民割下來的大的麝香標價一萬兩千塊。我覺得我腸子都悔青了。

《符瑞志》記載：「鹿為純善祿獸，王者孝則白鹿見，王者明，惠及下，亦見。」

關於鹿，《說文解字》說：「鹿，獸也。像頭角四足之形。」上古時期，鹿的數量和種類很多，是人們用來果腹的最多的野獸之一。或許是因為外表漂亮，尤其是發情的雄鹿常給人一種孤傲的感覺，於是，遠古的人們也將鹿當作了崇拜的對象。古人認為，鹿是一種瑞獸，是和善的、有神性的野獸，在野外如果見到了鹿，就預示著將會有好運。

百鹿圖局部。清代艾啟蒙之作，描繪的是塞外草原風光，滿山丹楓黃葉，群鹿遨遊其間。

麝，鹿科，身材較小，奔跑如飛。據說，麝香只有雄麝身上才有，抓捕的時候，如果一槍打不死雄麝，雄麝臨死前就會一口咬住肚子下邊，將麝香吃掉。

古人將鹿視為神，覺得鹿具有超自然的能耐，不過，芸芸眾生，猛獸凶禽、高山洪水，古人為什麼要鍾情於鹿呢？如此崇拜源於三點：第一點，鹿的奔跑能力出類拔萃，遠古時期，跑得快就意味著生存機率高；第二點，雄鹿長著漂亮的鹿角，令古人遐想；再有就是鹿從不會主動傷人，而且是古人主要的食物來源。由此，古人便將鹿視為瑞獸，當作了圖騰崇拜的對象。

陰山岩畫中的鹿，壯碩，超然，意味著超強的生育力。

　　還有一種說法，古人對鹿的崇拜源於生殖。

　　古人因生殖崇拜牽扯上了魚、蛙、鳥等動物，以及那些能夠「幫助」人們生育的動物，而鹿對於人類文明的開啟，產生了至關重要的作用。比如遠古時期，人們在追逐野獸

金代雙鹿紋玉珮。草原民族崇鹿、敬鹿，視鹿為神。

的時候，只有那些跑得最快、身手最靈活的人才能追上並獵殺野獸，而常能獵到野獸的人備受部落裡異性的愛慕，按照適者生存的物種進化原則，這類人與異性交配的機會就多，如此一來，體格健壯的人留下的基因就多，人種就這樣被「改良」了。因為常與鹿「賽跑」，這一舉動成了人們崇鹿的客觀因素。

　　古人崇鹿，有兩條很直接的原因，其一是碰到發情期，一隻雄鹿在數天之內可以與二三十隻甚至上百隻雌鹿交配，而男人呢？通常是沒這般本事的，進而會幻想自己能有和雄鹿一樣的交配能力；其二是古人發現，鹿茸、鹿胎、鹿血、鹿鞭等對治療男性疾病、女性經血不調、不孕不育等症狀有特效。依靠鹿，男人更強，女人可孕育生命，它成了很多人的救星，於是，鹿就成為人們崇敬的對象了。

刻辭鹿頭骨。在三千多年前的商人看來，鹿是瑞獸，因此，鹿骨能通神。

西晉陶鹿尊。這是一尊酒具，鹿在西晉時期有了伴酒的功能。

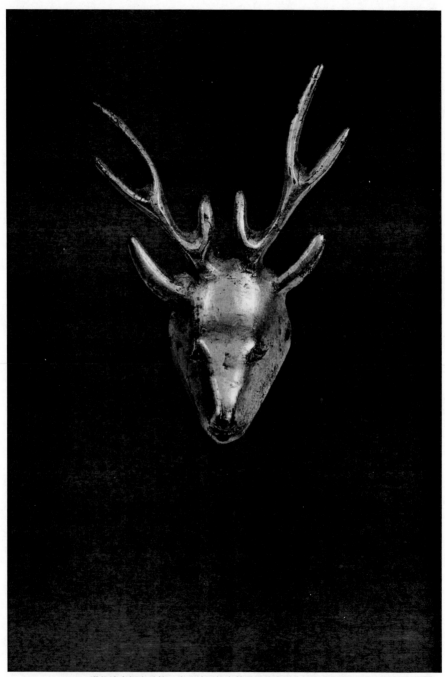

漢代鎏金銅鹿首飾。東北地區的少數民族將鹿視作了原生祖母。

從文字上來說,「麢」,從鹿從且,「且」是男性生殖器,鹿與此的關係 —— 有助其強壯、有助人生育 —— 早就有定論了。

　　古人說:「人有命有祿,命者富貴貧賤也,祿者盛衰興替也。」因「鹿」與「祿」同音,因此,自唐代以後,凡是與爵祿有關的圖案皆以鹿作為表達。

　　《詩經·小雅》中有一篇叫作〈鹿鳴〉的小詩,雖不是直接寫鹿,但藉著鹿抒發情感,讀起來卻也是朗朗上口:「呦呦鹿鳴,食野之草。我有嘉賓,鼓瑟吹笙。吹笙鼓簧,承筐是將。人之好我,示我周行。」這幾句詩的大概意思是,鹿兒呦呦叫,在野地上吃草。我有嘉賓,鼓瑟吹笙來相邀,獻上滿筐的禮品,客人衷心愛護我。在野地上吃草的鹿,高聲鳴叫,似與好朋友的到訪沒有直接關係,但卻說明鹿在兩千多年前的春秋時期是受人愛敬的。

　　古人喜歡鹿,為鹿營造出神一般的意境,比如「天鹿」,來自天上的神鹿:「純靈之獸,五色光耀洞明」;再比如「白鹿」,渾身雪白的鹿:「王者廉明,恩惠及於王臣下與百姓,白鹿則至。」

　　由「鹿」構成的字很多。「麗」字有美麗、華麗的意思。鹿頭上有兩隻角,所以「麗」又有成雙成對的含義。為什麼一對好夫妻會被稱為伉儷?原因就在於「麗」有並列的概念。鹿角長在鹿的頭頂上,因此,「麗」還有附著的意思,對此《易·離》說:「日月麗乎天,百穀草木麗乎土。」

　　「驪」,並駕,也指黑色的馬;「纙」,古時束髮用的黑色布帛;「慶」,《說文解字》說:「慶,行賀人也。」鹿象徵著祥瑞、喜慶,鹿皮就成了古人在吉禮必送的禮物;「塵」,鹿跑動,揚起塵土,奔跑的群鹿能讓人在造字時聯想起來,可見,古時鹿相當常見;《說文解字》說:「麓,守山林吏也。」「麓」的本義是看守山林的官吏,後來,「麓」有了山腳的意思,為什麼會這樣呢?這是因為鹿通常都生活在山腳下,所以由「鹿」派生出來的「麓」有山腳的概念也就不足為奇了。

　　古時,製作玉器常以鹿為模,而且,各個時代,雕琢樣式也有區別。鹿在人們的心目中,隨著時間的推移,逐漸失去了神祇的外衣,最終,變得尋常而通俗了。

　　有個成語叫作「逐鹿中原」,群雄爭霸都想拿下天下,為什麼要在中原追鹿

呢？該成語出自《史記·淮陰侯列傳》：「秦失其鹿，
天下共逐之，高材捷足者先登也。」相傳，楚漢爭霸，
劉邦和項羽曾在中原定下「逐到鹿者為勝」的約定，
後來，劉邦得了天下，「逐鹿中原」便傳開了。

　　涿鹿，位於河北省張家口市的西南，也就是黃帝
與蚩尤大戰的地方。那麼此「涿鹿」與楚漢相爭時的
「逐鹿」有什麼區別？前者，「涿」本義為水滴，另
義為水名；後者，「逐」為動詞，意為追趕。兩個詞
都有鹿字，鹿在中國人的心目中早就有地位了。

金文「麗」，它是頭上長角雄鹿
的象形。現在寫作「麗」。

西周玉鹿。多為片狀，光素無紋，僅有幾條簡潔的輪廓線。

逐鹿，追上了鹿，還要殺死它，這就有了另一個和鹿有關的成語——「鹿死誰手」。這個成語出自《晉書・石勒載記下》：「朕若逢高皇，當北面而事之，與韓彭競鞭而爭先耳。朕遇光武，當並驅於中原，未知鹿死誰手。」其背後的故事是這樣的，東晉時，十六國中後趙的開國皇帝石勒有一天設宴招待高麗使臣，酒至半醉時，石勒問大臣徐光道：「我比得上上古以來哪位君王？」徐廣道說：「您的才智超過了漢朝的高祖，您的本領超過了魏朝的始祖，自三皇五帝以來，沒一個君王能與您比肩，您是軒轅黃帝第二。」石勒聽後笑了，說道：「人貴有自知之明，你說得太過分了，如果遇到漢高祖，我情願做他的部下，只想和韓信、彭越爭個高低；如果碰到漢光武帝，我願意和他一起在中原打獵，較量一下，到底鹿死誰手。」

　　《本草綱目》中說：「大抵鹿乃仙獸，純陽多壽之物。」《睡虎地秦簡》記載，上古時，鹿曾被列為十二生肖的第七位，十二地支中午陽最盛，這與鹿為「純陽多壽之物」的說法倒是吻合的。但後來這個位置被馬搶占了。

內蒙古陳巴爾虎旗完工鎮崗嘎遺址，考古人員在將棺木打包準備整取的時候，在兩個棺木之間發現了鹿角。鹿角應該是在埋葬死者的時候，祭祀死者亡靈所用的。

為什麼離不開雞？

有一座山叫雞鳴山，據說，這座山與慈禧太后有關。

八國聯軍打進北京城時，慈禧老佛爺不得不屈尊鳳體，套上了農婦的衣服，帶著傀儡皇帝光緒匆匆出了紫禁城，一路西奔。出了居庸關，天大黑時，一行人從東門進了一個叫作雞鳴驛的老城。

當時慈禧住進了驛站內的一個大戶人家。老佛爺叮囑下人，聽到雞鳴即刻上路。

慈禧不知恩圖報，沒把雞仙當一回事。在民間可不這樣，數千年來，老百姓對雞是很有情感的。

滿天星斗，一眨一眨的，像是在恥笑這位倉皇西逃的大清頂尖權貴。

夜半，慈禧剛躺下，忽聽雞鳴山上傳來雞鳴。

老佛爺馬上起身，上車，出了城西門，繼續西逃。就在這時，城東響起了嘈雜的人聲和密集的槍聲，原來是洋人的追兵進了城東門。

慈禧逃過一劫，感慨萬千，發誓日後若重掌紫禁城，定將重謝雞仙。數月後，大清與列強簽訂了喪權辱國的條約。

於是浩浩蕩蕩，慈禧回鑾，儼然凱旋。但是，老佛爺把雞鳴山上救命的雞仙忘了一乾二淨。

說完這段故事，我來說說「雞」。

我曾問過一個廚師：「你喜歡雞嗎？」他說喜歡。我又問為什麼？他說：「因為雞能做出幾百道菜。」聞聽此言，我木然。其實，雞與人為伴，二者最初就是生物鏈關係——雞能讓人不挨餓。

但是雞是怎麼與人為伴的？

與羊、豬等家畜一樣，先人們在夏天時，食物充足，每每抓到一窩雞，先把大雞吃了，小雞就圈養起來。

先人們設想的是，等到冬天食物短缺的時候，再將長大了的雞吃掉。可沒曾想到，小雞長大以後，竟然不跑了，甘願與人生活在一起，而且還下蛋孵卵，人隨時都有雞蛋和雞吃了。

在我們的考古過程中，我們發現，在新石器時代中晚期的裴李崗文化、仰韶文化、大江口文化、龍山文化、馬家窯文化等遺址中，都發現了家雞的骨骼，說明雞在那時已經被馴化了，我們的祖先將雞作為家養的一種動物至少有八千年了。

自然界，禽鳥很多，為什麼唯獨雞被選入了十二生肖？

《爾雅・翼》為雞概括出「五德」：「戴冠者，文也；足博距者，武也；敵前敢鬥者，勇也；見食相告者，仁也；鳴不失時，信也。」

甲骨文「雞」，三千多年前，雞已經是人生活中不可或缺的重要的家庭成員了。

四川三星堆遺址出土的青銅雞。銅雞胸前鑄飾有火紋，意蘊引吭高歌，呼喚日出，帶給人間無限光明。

隋代灰陶雞俑。屬相中,雞排行第十,按照《爾雅》「二足而羽謂之禽,四足而毛謂之獸」的認定,
雞是十二生肖中唯一的禽。

殷墟玉鳳，它是對雞的變異。

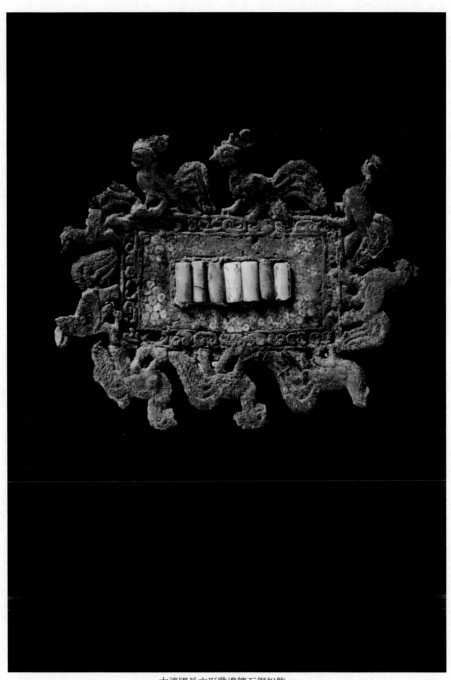

古滇國長方形雞邊鑲石銅扣飾。

這段話解釋了雞身上的五個「德行」：雞冠，盡顯文者的儒雅；雞腿上用於爭鬥的距，顯示著武者的強悍；遇到敵人勇於爭鬥，彰顯著勇武；見到食物能夠招呼同伴而不獨吞，相當仁義；定時鳴叫從不失信，在意信用；除了「五德」，雞還有「貞守」的美德，有報紙曾報導，公雞被宰殺，母雞竟絕食而亡。

雞在人們的心目中是大吉大利的形象。古時，農曆正月初一被定為「雞日」。漢代東方朔的《占書》中說：「歲正月一日占雞……」這天，需要「貼畫雞戶上，懸葦索於其上，插桃符其傍，百鬼畏之」。

在本書後面講「狗」的那一篇中我講到，為了能讓父親有鬥狗的地方，劉邦特意為其在京城修建了老家的街舍，劉邦的父親不但喜好鬥狗，而且也喜歡鬥雞，自從有了鬥狗、鬥雞的地方，老爺子就再也不找劉邦麻煩了。實際上，早在春秋戰國時期，人們就很喜歡鬥雞了。

《戰國策·齊策》說：「（戰國）臨淄之中七萬戶……臨淄甚富而實，其民無不吹竽、鼓瑟、彈琴、鬥雞、走犬……」

管仲的經濟改革，令齊國在短時間內暴富，生活富足了，娛樂活動隨之盛行起來，一時間，街頭巷尾，鬥雞的、鬥狗的、吹竽的、鼓瑟的、彈琴的、踢球的擁簇其間。

新春年畫，童子執如意和荷花，騎在公雞身上，這應該是對古代「雞日」風俗的傳承。

小雞哨子，這是中原一帶孩子們的玩具，對著雞尾巴能吹出聲，據說，孩子們吹雞哨子能招財。

相傳，周宣王偏好鬥雞，紀子是個養鬥雞的行家，被宣王召進宮，專門負責飼養鬥雞。十天過後，宣王問紀子：「訓練好了嗎？」紀子說：「不行，牠一看見別的雞，或聽到別的雞叫，就躍躍欲試。」又過了十天，宣王又問：「訓練好了嗎？」紀子說：「還不行。心氣還很活，火氣還很旺。」再過了十天，宣王再問：「怎麼樣了？」紀子說：「差不多了，鬥雞的驕氣沒有了，心神安定了，不論遇到什麼突發的情況牠都不為所動，這樣的鬥雞才能算是訓練到位了。」宣王看了一眼那隻雞，可以用「呆若木雞」來形容，於是抱來其他鬥雞，其他鬥雞隻看了這隻鬥雞一眼，就全被嚇跑了。

　　人吃雞肉、吃雞蛋，雞還能打鳴為人報曉，雖說現在有鬧鐘取代了雞鳴，但有誰離開過雞？雞與人們的生活息息相關，以至於雞在生活中早就被賦予了文化的概念。比如說，最早的詩歌集《詩經》中涉及雞的就很多，例如〈齊風〉中的「雞鳴」：「雞既鳴矣，朝既盈矣。匪雞則鳴，蒼蠅之聲。」這段詩的大概意思是，妻子對丈夫說，雞叫了該起身赴朝會了，可丈夫說不是雞叫，是蒼蠅聲。雞叫了就該起床，數千年來，雞是人們早起的時鐘，人們的生活規律是由雞來安排的。〈邶風〉中的「雄雉」：「雄雉於飛，泄泄其羽。我之懷矣，自詒伊阻。」這段詩的大概意思是，雄雞在空中飛翔，舒舒緩緩展翅膀，懷念我的親人。飛翔的野雞令人想起了親人，親人遠去何時歸？我自空憂傷。《詩經》成篇時，社會動盪，人民無安，野雞尚能自由飛翔，而人？不行。

　　俗話說，民以食為天，那麼達官貴人們呢？吃美味是歷來的講究。周代時期的《禮記·內則》記載了天子和貴族們的飲食極其奢侈，其中「膳」的規定是這樣的：腳、臐、膮、牛炙，盛在四個高足豆中，列為第一行；醢（肉醬）、牛胾、醢、牛膾，計四豆，列為第二行；羊炙、羊胾、醢、豕炙，計四豆，列為第三行；醢、豕胾、芥醬、魚膾，又是四豆，為第四行。以上共計盛為十六豆，官職為下大夫的才有權享用。再加上另外四豆，分盛雉、兔、鶉、鷃四野味，列為第五行。四野味中的雉就是雞。

　　《禮記·月令》記載，天子於孟夏、仲夏、季夏三個月皆「食菽與雞」，意思就是單吃雞。東漢蔡邕在《月令問答》中說：「凡十二辰之禽，五時所食者，必家人所畜，醜牛、未羊……酉雞、亥豕而已……」根據五行相生相剋的原則，古人認為夏屬火，而火勝金，酉雞屬金，於是，夏天的時候應該多吃雞。

隋代青瓷雞首壺。

宋代子母雞圖。

這就是豆，按照禮，每頓飯，士大夫以上的貴族面前可以放五行二十個這樣的餐具，二十道美味，兩千多年前，王公貴族們實在夠奢侈。

歷朝歷代，文人墨客都愛吃雞，比如唐代的孟浩然曾寫詩「故人具雞黍，邀我至田家」。李白吃雞也吃出了詩興：「亭上十分綠醑酒，盤中一味黃金雞。」美酒搭配著黃金雞，令嗜酒如命的李太白平添感慨。

　　宋代的《夢粱錄》中，關於雞的烹飪方法就有好幾十種。

　　雞，令人浮想，由浮想，派生出了文化。

　　十二生肖中，雞的座次為十，關於「十」，《說文解字》說：「十，數之具也。」古人認為，數至九已達到了「極」的狀態，因此，「十」有「滿」「全」的概念。「十」天干與五行相配，申、酉屬金，申為陽金，酉為陰金，而「十」為偶數、陰數，所以就有了酉雞、金雞的說法。還有一點，「十」為滿，按照古代人的觀念，做人一定要謙虛，不可以自滿，但公雞打鳴，母雞下蛋後也會大叫，這簡直就是在自鳴得意，於是，雞只能被排在第十位了。

　　成語中涉及雞的不在少數，但是貶義的占了很大比例。

出土於內蒙古敖漢旗的遼墓壁畫。

龍也有性別之分

　　有件事情我一直不明白：被人尊奉為祖先的「龍」究竟是公的還是母的？為這，我請教過幾位朋友。有人說「龍生九子」吧啦吧啦……，既然能生九個兒子，龍就應該是母的；也有人說「龍鳳呈祥」，龍在上、鳳在下，龍當然是公的；還有人說，皇帝被尊為龍，皇后被尊為鳳，龍當然是公的。但我接著問：「龍和鳳不屬同類，怎麼可能交配生孩子呢？」為我指點迷津的人啞口了。

　　請教的人越多，我反倒越糊塗了。

　　其實，龍原本是虛無的，是古人杜撰出來的神，要弄清楚龍的性別，有必要搞清它的來歷。

濮陽中華第一龍。出土於河南省濮陽市的龍，它是由貝殼擺放而成的，距今已經六千七百多年了。那麼當時的古人是根據什麼刻劃出龍的？可以認定，龍被濮陽古人尊作了神。

古人為什麼要創造出龍這樣一個怪怪的神呢？

遠古時，人們對於自然萬物，比如風雨雷電、地震水災、冬去春來、生老病死，因為不認知而產生恐懼。古人認為，世間萬物都是由神來主導和支配的，人們期望透過祭拜神來避災得福，但是，冥冥之中，神在哪裡？長什麼樣？古人全然不知。

古人推測，能護佑自己的神絕不平庸，首先，它的長相應該是誇張、凶狠、神祕的；其次，它的本事應該是超群的。這個神會是什麼樣的呢？古人聯想到了出沒於黃河、長江的鱷魚。

金文「龍」。殷人根據什麼造的「龍」？甲骨文裡沒有記載。

鱷魚，渾身鱗甲、大口翹鼻、錐型尖牙、圓眼突起、尾巴粗壯、強肢利爪、橫紋腹肚，揚子鱷的長相與古人臆想的神近似，由此可推斷，古人將揚子鱷看作是統領萬物的神。不過，揚子鱷雖凶殘，但缺少統領萬物的威嚴，為這，古人發揮想像，為揚子鱷添加了鹿的角、馬的鬃、鬣的尾、狗的爪、魚的鱗、蛇的身，於是，揚子鱷就成了張牙舞爪、騰雲駕霧的神了。

這個神叫什麼？古人取名為龍。

關於龍的由來，另有學者認為，龍是中華民族不同族群圖騰崇拜的集合體，理由是，遠古的時候，各個部族的崇拜對象是不一樣的，考古發現，遠古時期有崇信鹿的部族、有將狗作為圖騰的部族、有敬奉魚的部族、有敬仰蛇的部族……當祖先在接觸到文明的時候，部族間的聯合成了大勢所趨，而部族間的聯合總得有共同的信仰才是，這時，有個聰明人將各個部族的圖騰拆解開來並重新組合。聰明人的舉動得到了各個部族的認可，於是，「龍」就誕生了。

無論龍的原形是鱷魚、豬，還是蛇，古人在根據它們創作龍的時候，都沒能將龍的性別特徵表現出來，龍到底是公是母？還是沒得到答案。

甲骨文和金文以及繁體字的「龍」皆從「辛」。「辛」本為辛刀之象，與王權有關。遠古的時候，自從有了王權，王就由男人擔任了，但與王權有關的「龍」並沒有標明性別。

關於龍長什麼樣？

《本草綱目》上是這樣描寫的：「其形有九似：頭似駝，角似鹿，眼似兔，耳似牛，項似蛇，腹似蜃，鱗似鯉，爪似鷹，掌似虎，是也。其背有八十一鱗，具九九陽數。其聲如戛銅盤。口旁有鬚髯，額下有明珠，喉下有逆鱗……呵氣成雲，既能變水，又能變火。」

一向敬重科學的李時珍在撰寫這段文字之前或許是真的見過龍的。倘若李時珍沒有見過龍，怎麼可能做出如此細緻、生動的刻劃呢？不過，即便李時珍把龍刻劃得細緻入微，但對於龍的性別，李時珍卻隻字未提。

仰韶文化陶器上的圖案，刻意表現的巨大的生殖器，是古人生殖崇拜心態和強烈性別理念的反映，但是，如果回過頭來再看看，這些龍卻都沒有性別特徵。古人在創造龍的時候為什麼會忽略了性別的刻劃呢？或許，這是因為龍是根據鱷魚或者蛇演繹而來的，而這兩種動物的性器官都不明顯，所以，古人創造龍，也就將龍的性器官給省略了。

甲骨文	金文	小篆	隸書	楷書
龍	龍	龍	龍	龍

夏代綠松石龍。龍由綠松石擺放而成，這條龍出土於河南的二里頭夏代遺址，距今也有四千多年了。夏代，「階級」在中原業已步入了成熟，原本服務於全民的龍成了上層社會愚弄民眾的工具。

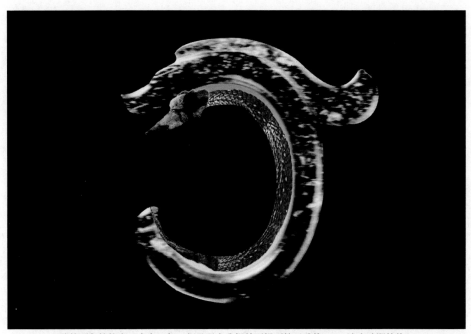

豬的頭與蛇的身子合在一起，便承現出我們前面提到的玉豬龍 —— 遠古時期的龍。

以貌取龍，難斷龍是男還是女，不過，線索並沒有斷。大家都熟悉的龍鳳呈祥，何謂呈祥？說白了，就是調情，既然龍和鳳能湊到一起談情說愛，它們就不可能是同一種性別。

龍在上，鳳在下，龍應該就是男的了，龍是男還是女的就此真相大白了嗎？沒這麼簡單！

龍鳳不屬同類，依照遺傳學的觀點，龍和鳳再怎麼恩愛也只能算作是「亂倫」，絕對不可能生出一男半女，那麼龍鳳呈祥，呈的是哪門的「祥」呢？

麒麟、鳳、龜、龍是遠古傳說中的四瑞，就是四種神。四種神是平起平坐的，不存在龍在上，鳳在下。

龍、鳳、龜、麒麟，遠古時期的「四靈」。

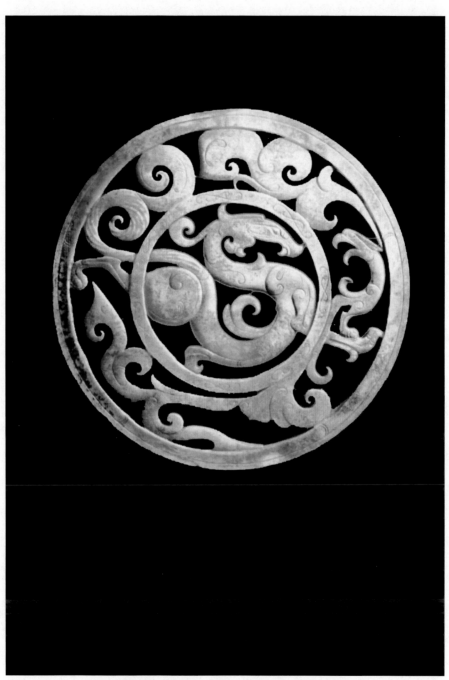

漢代龍鳳璧。龍在內，鳳在外，龍是主導，鳳是輔助。

　　來看看漢代的龍。龍在內，鳳在外，龍是主導，鳳是輔助，二者似在「呈祥」。

　　龍和鳳在漢代被皇帝和皇后收編了，皇帝叫作龍，皇后叫作鳳。皇帝是男，皇后是女，龍當然是公的，鳳自然也就是母的了。

　　龍鳳呈祥的起因在於皇帝收編了龍，皇后壟斷了鳳，如此看來，「龍鳳呈祥」其實指的是皇帝和皇后在調情。後來，龍鳳呈祥的說法流傳到了民間，為了圖吉利，老百姓也將新婚的小夫妻比作龍和鳳，民間也將龍看作是公的、將鳳看作是母的了。

　　女媧知道吧？傳說中補天的女神，相傳，女媧和她的丈夫伏羲都是龍變的。

　　人頭，蛇身，女媧和伏羲糾纏在一起，應該是在交配。交配當然是為了生孩子，生的是什麼孩子？是黑眼睛、黑頭髮、黃皮膚的「龍的傳人」，龍的傳人就是這樣來的。

　　順著女媧和伏羲這條線索，我們再來看看「二龍戲珠」，兩條龍戲的實際上是自己的卵 —— 自己的孩子。

　　我們在前面說過，龍是古人根據鱷魚杜撰的，鱷魚生的是蛋。二龍戲珠，戲的就是自己的蛋，是在呵護自己的孩子。兩隻性別相同的龍是不可能交配生蛋的，所以說，二龍戲珠中的這兩條龍，絕對應該是一公一母。

　　龍到底是公還是母？這麼說吧，在被皇帝壟斷之前，龍有公有母，龍被皇帝壟斷了以後，龍就變成雄性的了。

狗，忠誠卻命不好

一九八四年，韓國漢城舉辦奧運會，西方一些國家揚言抵制本屆奧運會，理由是韓國韓國人愛吃狗肉。迫於壓力，韓國人向有抵制意圖的國家保證，奧運期間絕不吃狗，那些揚言抵制的國家才派出了運動隊。

有句成語叫作「兔死狗烹」。意思是兔子死了，留著用來捕兔子狗沒用了，於是將狗烹煮來吃。形容的是不講情面，不思報答。

有一次，我到農村做客。開飯前，我到院子裡走走，無意間繞到了房後，「汪！汪！」一陣狂吠，把我嚇得直冒冷汗，定睛看時，牆角處拴著一條精瘦的黑狗。我趕緊跑回前院，問主人：「後院拴一條狗幹嘛？」主人說：「拴上它，賊就不敢來了。」我問：「拴多久時間了？」主人答：「五年了。」我問：「平時會放開嗎？」主人說：「從來沒放開過。」五年啊，不論春夏秋冬，黑狗就待在房後巴掌大的地方，堅持著自己的忠誠。的確，自從與人類為伍，狗一直就很忠誠，但是，如同這黑狗一樣，狗的命，卻是很慘。

甲骨文「犬」。很早以前，狗就是人類看家護院、狩獵追蹤的好幫手，在它與人類為伍後，人對狗就有了很深的感情。

241

獄，對於犯人，兩隻狗看押。

哭，哭聲令人煩，如狗吠。

犯，狗咬人叫作犯。

獨，《說文解字》說：「羊為群，犬為獨也。」一隻狗，看著一群羊，所以被稱為獨。

當年昭君出塞時，狗究竟是從京城帶過去的，還是隨著迎親隊伍來的，不得而知，但可以肯定的是，凡是喜慶的日子，差不多都有狗的參與，為什麼？因為自遠古時起，狗就與人建立了密不可分的關係。

《馬恩文集》中有這麼一段話：「人在自己的發展中，得到了其他實體的支持，但這些實體不是高級的實體，不是天使，而是低級的實體，是動物，由此就產生了動物的崇拜。」馬克思認為，遠古時期，人類因為離不開狗、豬、羊、牛等動物，日子久了，就形成了對動物的崇拜。

相傳，創世神話中，開天闢地的大英雄盤古長著狗頭人身。這種說法反映了原始人類的宗教信仰。原始神話中，世界上，無論何處，無論哪個民族，人們心目中的神無一例外地都經歷這樣的三部曲，首先是動物神，其次是人獸同體，最後才是人神同形。盤古被描繪成狗頭人身，這是神祇信仰的第二個階段，盤古的狗頭人身向後人傳達了這樣的訊息，原始先民已經萌發了自我意識。在原始人的意識裡，並沒有將動物與人區分開來，這是因為人們迷信動物具有神祕的靈性。在原始人看來，將狗的神力附加在人的身上，人就會有狗的能耐了。這一點，從世界其他國家的文明中也能領略得到，比如埃及人信奉的是神人面；印第安人崇信熊，並將自己看作是熊的子孫。

厭,原本的意思是甘甜,為什麼?因為狗。

狩,《說文解字》說:「狩,犬田也。」犬最初是用作打獵的。

狠,狗是凶猛的,所以被稱作狠。

狎,《說文解字》說:「狎,犬可習也。」狎指對犬的馴養,有接近、熟悉、戲弄、侮辱的意思——人與犬開始是接近,繼而是熟悉、親近,再往下,就是戲弄了。

獲,《說文解字》說:「獲,獵所獲也。」遠古,狩獵就已經離不開狗了。

狀,《說文解字》說:「狀,犬形也。」狀由犬的形狀引申出一般事物的形狀,這說明犬給人留下的印象是非常深刻的。

器,《說文解字》說:「器,皿也。象器之口,犬所以守也。」貴重的家當是要由犬來看護的。

步入文明以後，原始時期人類對狗的崇信觀念漸漸淡化了，不過，涉及狗的文化卻繁榮了起來。有學者統計，古代典籍裡，關於狗的別稱有幾十個，比如金畜、守門使、猂犴、烏龍、黃耳等等；漢字裡，從「犬」的字有五百多個。

我們再來說說先人們崇狗的案例。

三千多年前的商王朝，王公貴族去世下葬前，其棺材的正下方事先要埋進一隻狗。與那些殉葬的宮女、侍衛比起來，這隻狗與墓主人的位置是最近的。《說文解字》中說：「狗，叩也。叩氣吠以守。」狗在古人的心目中是鎮惡驅邪的守護神。商王朝時期的人們將狗葬在

狗有驅邪的本事，但是對於盜墓賊，狗也是無可奈何。商王的大墓幾乎被盜掘一空了。

身下，寓意死後在赴另一個世界的路上，由狗來驅邪。

我們都知道狗也有防盜的功能，這正巧與古人在意高牆大院是否封閉嚴實的意識相呼應，所以，自古人們就喜歡養狗。

漢朝開國皇帝劉邦的父親就是一個養狗迷，前文我們有稍微提到。兒子劉邦坐上龍椅後，將父親接到了京城，但是，劉老爺子整日悶悶不樂，問其原因，老爺子說：「皇宮裡沒有跑狗、蹴鞠。」劉邦聞聽，立馬下旨，在長安城的旁邊建了一個老家的樣子。從那以後，劉老爺子又能玩狗了，便不再愁煩了。秦漢時期，狗肉館隨處可見，就連劉邦手下的大將樊噲都是個殺狗的屠戶。漢代，養狗馴狗曾是一個職差。有趣的是，誰要是能謀得「狗監」，定能得到皇帝的恩寵。

唐代，皇宮裡蓋有狗舍，名曰「坊」。由於皇帝做出的表率，致使全社會養狗成風。

清朝的徐芳在《義犬記》中描寫了這樣一個故事：一個商人路過中牟縣，途中從一小夥子手中救下一條狗。小夥子見商人很有錢，生了歹意，將商人殺了扔到了河裡。狗見狀，暗中跟著小夥子回到家，然後到縣衙引領衙役到了小夥子拋屍的地方，而且帶著衙役到小夥子家抓了凶犯，狗為救命恩人報了仇。

民間涉及狗的傳說很多，比如天狗食日，天狗食月。那麼天狗是什麼？《山海經》裡說：「其狀如貍而白首，名日天狗，其音如榴榴，可以御凶。」不過，專事御凶的天狗為什麼要吃太陽呢？對此，《史記‧天官書》解釋道：「天狗，狀如大奔星，有聲，其下止地，類狗。」天狗非狗，而是吞噬日月的星星，什麼叫吞噬日月，其實就是日食和月食。《左傳‧昭公七年》中說：「熊虎之類，其子名狗。」〈玉篇〉中將「狗」寫成了「狗」，這表明「狗圖騰」中的「狗」，意在取熊虎的勇猛。

　　上古時期，許多地方都將「盤瓠」當作了圖騰。盤瓠是什麼？前文我們有提到過。《風俗通義》中說，高辛氏與房王作戰多年終不能勝。有一天，高辛氏發出布告：誰要是能把房王的腦袋拿回來，我就把公主賜給他當老婆。高辛氏養了一條狗，名叫盤瓠。盤瓠知道了這件事以後，奮力衝入敵陣，將房王的腦袋咬了下來交給了高辛氏。高辛氏隨即將女兒許配給了盤瓠。盤瓠和公主結婚，三年後，生了六男、六女，一共十二個孩子。所以在瑤族還流傳著一種傳說，盤瓠是瑤族的祖先。

〈庖廚圖〉中亦有宰狗的場面。

漢代彩繪陶狗，肥碩如豬，這應該是照著寵物狗臨摹的。

藏族人有個習俗——殺狗結盟。

《舊唐書·吐蕃傳》記載:「(贊普)與其臣下一年一小盟,刑羊狗獼猴,先折其足而殺之,繼裂其腸而屠之。今巫者告於天地、山川、日月星辰之神云:『若心遷變,懷奸反覆,神明鑑之,同於羊狗。』三年一大盟,夜於壇禪之上與眾陳設殽饌,殺犬馬牛驢以為牲,咒曰:『爾等鹹須同心戮力,共保我家,唯天地神祇,共知爾志。有負此盟,使爾身體屠裂,同於此牲。』」

狗被藏族人崇拜,與藏族人建立了神祕關係。狗在藏族人看來可以鎮邪驅崇。古時,藏族人出征打仗前都要殺狗,以保佑得勝。

「二戰」後期,蘇聯紅軍就要打進柏林時,希特勒走出防空洞,最後吸了一口充斥著硝煙的空氣,然後,掏出氰化物毒死了跟隨自己多年的愛犬。希特勒曾說過:「誰都有可能背叛我,但狗不會。」殺人如麻的希特勒如此對待愛犬,其實也是生怕自己走後愛犬會被虐待,於是,在自己服毒之前,先毒死了愛犬。但是,世界上第一個制定並公布動物保護法的竟然是納粹德國。

清代畫家郎世寧創作的〈十駿犬圖之雪爪盧〉。

常言道:狗不嫌家貧。的確,在人的世界裡,動物中唯獨狗不嫌主人的貴賤,不過,還有一句話,叫作「狗眼看人低」,狗又便成了小瞧人的奴才了。狗原本不懂嫌貧愛富,這一點,是被人強加上的,應該說,看人低的並非是狗,而是特指一些趨言附會、卑躬屈膝的小人。或許是因為狗忠誠得實在太執著了,物極必反,在我們的文化裡狗也就被冠以卑賤、齷齪的意味了。許多以「狗」字開頭的成語,幾乎都是貶義:

狗仗人勢，這句成語出自清代的蔣士銓的《一片石·訪墓》：「我把你這狗仗人勢的奴才……」

狗顛屁股，這個成語出自《紅樓夢》：「春燕說葷的不好吃，另叫你炒個麵筋兒，少擱油才好，你忙著就說自己『發昏』，趕著洗手炒了，狗顛屁股似的親自捧了去。」

狗竇大開，狗竇即狗洞，這句成語常被用來取笑人缺了大門牙。這個成語出自《世說新語·排調》：「張吳興年八歲，虧齒，先達知其不常，故戲之曰：『君口中何為開狗竇？』張應聲答曰：『正使君輩從此中出入。』」

狗腿子，日軍侵華期間，以汪精衛為首的部分軍隊投靠了侵略者，成了日本人屠戮中國人的幫凶，堅持抗戰的中國人將助紂為虐的漢奸稱作「狗腿子」。

狗改不了吃屎，狗吃人屎，這是天性，值得深究的是那些惡習難改的混蛋。

最後，再說一種美味 —— 狗不理包子，包子做得狗都不理？然而，物極必反，狗不吃的包子卻令人產生強烈的反抗心理，於是，「狗不理」成了美味，這就如同狗忠誠卻被貶一樣。

豬，神壇上的主角

　　說到豬的話題，先來點輕鬆的 —— 豬八戒，《西遊記》中保護唐僧西天取經，一路上護駕，打打殺殺、吃喝玩樂，活得最通透的就數豬八戒了。

　　曾有人在適齡少女中做過這樣的調查，如果在唐僧、孫悟空、豬八戒、沙僧四個當中選一個當丈夫，少女們都會選誰？結果，豬八戒竟然是少女們的首選。為什麼豬八戒能躋身於唐僧、孫悟空、沙和尚之前？少女們的理由是：豬八戒既風趣又懂調情，而那三位，一個太假、一個太油膩、一個又太木訥，唯有豬八戒深諳人情值得託付。實際上，讀過《西遊記》的人都會發現，如果沒有豬八戒，《西遊記》就變得無聊了，我思索，吳承恩創作《西遊記》，絕對是特意安排豬八戒當「男二號」的，因為，幾乎都是豬八戒負責情節轉換。

　　我在前文中提到狗通人性，其實，最通人性的當屬豬。

　　甲骨文中，三千多年前商代通行的文字，如 B 圖所示，「家」的上半部分是屋頂，下半部分是隻豬。房子裡養著豬，這就是家。

　　我們的祖先在創造「家」這個字的時候，為什麼不在裡面放匹馬、牛，或者羊，偏偏要放進一頭豬呢？原因很簡單，因為豬是最早、最心甘情願地陪伴著人的動物，人們最早離不開的動物也是豬。冬季缺少食物的時候，因為有了豬，有肉吃，人們才能熬過嚴冬，時間久了，豬就被視作家庭的成員。

那麼人死後，為什麼要與豬相伴？有句俗話叫作「生不帶來，死不帶走」，將豬和逝者埋在一起，應該不會有「帶走」的意思，而豬是興隆窪人的家庭成員，豬替代人與死去的親人相伴，意在寄託哀思，亦可使死去的親人到了另一個世界不至於孤單。

在對早期的遺址考古發掘中，豬的遺骸，以及由豬昇華出來的各類文化實物，是學者們最常見的現象之一，以此來看，說我們是豬的傳人可能更貼切些的。

以豬頭蛇身搭配成龍、以豬和屋頂組字成「家」、以豬當作逝者的伴侶，照此說來，我們的祖先和豬是有著不解之緣的。豬有人緣，可豬是在什麼時候和人廝守在一起的呢？

考古發現，距今大約一萬年前，我們的祖先就將豬圈養了。豬被圈養，應該也是一種「偶然」的發現：獵人將母豬打死，扛回部落，大家分食。被一併抓回來的小豬需要晚一點再吃，於是，古人挖了個洞，在旁邊立上籬笆，將小豬放在了裡面。剛好當時是食物充足的夏季，古人將剩餘的漿果扔給了小豬。待到秋後，小豬不但沒有死，反而長大了。就這樣，豬便和人生活在一起了。

甲骨文「豕」。聞一多先生認為，豕是被閹割了的豬。

甲骨文「家」。有豬才有家，古人是這樣為家下的定義。

內蒙古敖漢旗興隆窪文化居室葬，距今已八千多年了，死者的身邊葬著一雌一雄兩頭豬。

　　二〇〇九年，我在山裡看到了這樣一件令人忍俊不禁的事情：山民的豬圈裡滿是怪模怪樣的半大的小豬，主人告訴我，這些都是野豬。我不解，主人說：「前陣子，家裡廢棄的豬圈裡來了兩隻大野豬，見野豬沒有傷人的意思，我就沒轟它們走。沒過多久，母豬生了一窩小野豬。每天早晨，兩隻大豬帶著小豬們出去覓食，晚上回豬圈睡覺。」後來，每當這戶人家來了客人，主人都會在前一天晚上進到豬圈，拿出一隻半大的小豬，當作下酒菜招待客人。好在，被主人招待了客人的小豬數剛好可以與兩隻大豬的生育能力持平，所以，大豬也就無暇計較自家孩子少了。豬住在人搭的圈舍裡，冬暖夏涼，野狼也不敢來打擾，屋子的主人時不時弄隻豬出來打打牙祭，互有所需，這或許就是豬情願與人為伴的原始動機吧。

　　豬，古稱為「豕」，關於豕，李時珍在《本草綱目》裡說：「豕食不潔，故謂之豕。」

　　這句話的意思是，因為豬（豕）吃不乾淨的食物，所以叫作豬（豕），豬（豕）被說成了是窩囊骯髒的家畜，我不認同李時珍這番話。實際上，豬在被人類圈養之前也是屬於勇猛剛毅的野獸，比如剛毅的「毅」，就有「豕」在其中，也就是豬，才稱得上有毅力。

漢代明器。事死如事生，死者到了另外一個世界，意味著新生活的開始，所以，古人要將生活場景勾
兌出來供死者在陰間享用。

農耕在傳統社會有著很重要的地位，豬在古時候的農耕地位亦很重要，我們在文化中常能見到豬，比如家、稼、嫁……有了豬才能稱為「家」；蔬菜類與肉類食物合在一起才是當家的食物「稼」；至於，豬和女孩子出嫁有什麼關係？女孩子出嫁當然是為了成家，正如《詩經》所說：「桃之夭夭，灼灼其花，之子於歸，宜其室家。」歸，就是歸家，女孩子出嫁叫作歸自己真正的家，「嫁」即為「歸家」，因此才稱得上家，於是，「嫁」裡邊也就有了豬。

　　古代人非常重視祭祀，祭祀就需要擺上供品。古人祭祀的供品也有規矩，天子用太牢，即牛、羊、豕；諸侯用少牢，即羊與豕；大夫只能用豕，也就是豬。無論哪個階層，豬都是祭祀時奉獻給神的主角，是祭祀中絕不可少的。《儀禮》中說：「若殺，則特豕。」意思是在為士舉行冠禮時，如果要殺生的話，就殺一隻小豬。由此可見，豬曾經被用作了詮釋禮制。

岩畫，人豬相伴，其樂融融。

接下來我們聊聊豬與美食。有人這樣說過，沒有豬，就沒有飲食文化，而且，豬和歷史上的名人有著密不可分的淵源，比如宋代的蘇大名人。

蘇東坡發明了一道菜 —— 東坡肉。對於東坡肉的做法，蘇大文豪總結道：「慢著火，少著水，待它自熟，莫催它，火候足時它自美。」都被發配到天涯海角了，蘇東坡還是沒能忘了吃。

十二生肖，豬被排在了最後一位，故而就有了亥豬的說法。陰陽五行中，水為陰，地支之「亥」又為陰水，「亥豬」可謂陰上加陰。都說豬天生就有好水性，就是這麼來的，所以《西遊記》裡凡是下井打撈屍首的苦差事全都由豬八戒負責了。

關於豬為陰，《本草綱目》裡說：「凡豬肉，苦，微寒，有小毒……能閉血脈、弱筋骨、虛人肌，不可久食，病患金瘡者尤甚。」

豬，從者，而從者的字，諸如：諸、儲等都有聚合的意思。為什麼東方人身體虛胖的多？大多是因為豬肉吃得多的原因。六畜之中，豬最肥滿，是肉和油的最完美的聚合，因而，多吃豬肉自然就會儲藏肉油，也就肥滿了。

豬，首先是填飽了遠古人類的肚子，而後是豐富了古人的想像，豐富了華夏文化，還有，豐富了人們的餐桌。

接著說豬與天象的關係。有豬才有家，三千多年前的商人是這麼認定的，甲骨文中的「家」字另一種寫法是「豭」，還是有豬，不過，豭表示的是道地的公豬。再來看看這個字「豨」，還有一隻豬。這個字的本義是大野豬，這個字的讀音與伏羲的「羲」同音，與這個「豨」為同音互訓。有學者乾脆認為，豨就是羲，也就是說伏羲乃豬的化身。《投荒雜錄》裡說：「雷公豕首鱗身。」而伏羲的父親正是長著豬頭的雷公。《莊子·大宗師》說：「豨韋氏得之，以挈天地。」挈天地即開天闢地，至於說豨韋氏，聞一多先生認為就是盤古 —— 連盤古都與豬有關。豬之所以神聖，有這樣兩個原因，其一，遠古先民出於對野豬的畏懼，由畏懼造就了豬神；其二，甘願與人為伴的牲畜中，豬的生養能力最強，古時，為了部落的興旺，人們幻想著有像豬那樣的生養能力，於是豬成了生殖崇拜的對象。

這只陶鉢出土於浙江河姆渡文化遺址，腹部畫有圓形的這個動物就是豬。

甲骨文「交」，這是一個人交脛的象形字。

關於上頁圖中那件器物上的豬，隱含著的遠古訊息，還有另解：豬腹中的圓乃星飾，因此，此豬有原始宗教的含義，也就是天文學概念。關於豬的天文學概念，《史記·天宮書》中說：「奎曰封豕，為溝瀆。」注引《正義》裡說：「奎，天之庫府，一曰天豕，亦曰封豕，主溝瀆，西南大星，所謂天豕目。」「主溝瀆」就是主生育。奎在西方天區，由十六顆星星組成，連線平面像兩個套合在一起的豬頭，即「封豕」。

豬是最早甘願與人為伴的動物，加之其生育力極強，因此被敬為主生育的神。斗魁也是主生育的神，兩廂功能一樣，所以，豬被冠以了斗魁的代稱。下頁圖中的雙豬首三孔器，根據其特殊的造型，我們做一個假設，假設豬首象徵著斗魁四星，那麼，三孔就可以被視為斗杓三星，豬首（斗魁四星）與三孔（斗杓三星）構成了完整的北星象。

甲骨文的「交」，《說文解字》說：「交，交脛也。」墓主人雙腿交脛寓天地交泰之意。《周易》說：「泰，小往大來，吉，亨，則是天地交而萬物通也。上下交而其志同也。」《正義》說：「此由天地氣交而生養萬物。」墓主人得以交天地，應為巫長一類的大人物。其胸前放置的兩隻玉豬應是天地交的道具。為什麼這麼說呢？先來看看兩隻玉豬的顏色，一白一青。古時，人們將天象分作四色，即東青、西白、南赤、北黑。兩隻玉豬左右分置，恰是青與白的對應。兩隻玉豬背靠著背，反映了天體的兩種不同的運動方向，這兩種方向取決於死者生前的面向。如果是面朝南，天體呈順時針旋轉；面朝北，天體呈逆時針旋轉。

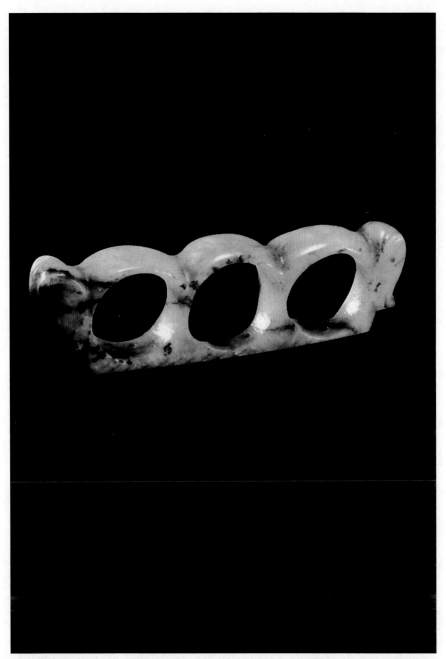

紅山文化雙豬首三孔器。這一器物長八點九公分，寬二點六公分，主體部分為三個並列的圓孔，孔徑一點九公分。並列的三孔兩端各有一面向外的豬首。

古滇國二人獵豬銅扣飾。

紅山文化的一個高等級墓葬。墓主仰身直肢。相交的雙腿絕非臨死的姿勢，而是死後被人有意為之的。墓穴中隨葬著三件玉器，一隻玉箍，兩隻玉龍，可見墓主人的地位是很高的。

　　《周禮》說：「以玉作六器，以禮天地四方，以蒼璧禮天，以黃琮禮地，以青圭禮東方，以赤璋禮南方，以白琥禮西方，以玄璜禮北方。」《周禮》所言表現了不同顏色的玉器禮的方位。來看看禮天的蒼璧。璧是一種圓形中央有孔的禮器，「天圓地方」，可將璧視為天蓋的象徵。在良渚玉璧上，有豬的刻劃，可為什麼不刻牛、不刻羊，偏偏在璧上刻豬？原因很簡單，在良渚古人看來，豬與天的關係是最為緊密的。類似的豬圖像還見於同時代的玉琮上。

　　豬是最早的被尊為神的動物，但在生肖中卻排在了末尾，為什麼會是這樣的呢？我也說不清。

鳳真的不一定是「女的」

之前，我們說了龍的性別，本文，我們再接再厲，探討鳳的性別。

我有一個朋友，因為老婆生了雙胞胎而非常開心，逢人便說：「我老婆真厲害，生了對龍鳳胎！」龍鳳胎？顯然，我這個朋友把兒子比作了龍，將女兒視作鳳了。沒錯，在人們看來，龍是公，鳳是母，但是，我們在前文中已經說了龍在被皇帝收編之前曾有性別之分，那麼，鳳在被皇后壟斷之前，是不是也像龍那樣公母分明呢？

高祖是三千多年前商王朝的先祖，將男根和鳥放在一起組合成自己祖先的名字，這顯然包涵著生殖崇拜的理念，不過，古人為什麼要把鳥當作生殖崇拜的對象呢？這件事說起來並不複雜。遠古時，古人羨慕鳥的生殖能力，幻想著如果能像鳥兒那樣多生多養多該有多好。僅僅因為羨慕，古人就崇拜起了鳥。

商人確信自己是鳥的後裔，甚至抓到過鳳鳥。「呼鳴網雉，獲鳳。丙辰，獲五。」這則甲骨卜辭意思是，商臣鳴用網捕雉，在丙辰這天抓到了五隻鳳。

絢麗的外表，從生物學角度講，鳳應該是雄性的。
但是，鳳被繡在了皇后的袍子上，以此看來，鳳是雌性的。

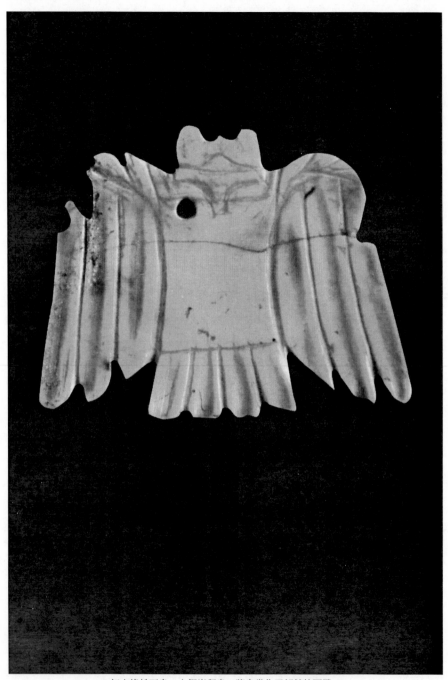

紅山綠松石鳥。人們崇拜鳥，將鳥當作了部落的圖騰。

由羨慕，生崇敬，由崇敬，飛鳥便被尊為祖先。這種觀念到了三千多年前的商代極盛了起來。關於殷人由鳥所生這件事，《詩經》裡記載得更詳細：殷人的先祖簡狄在河邊洗澡，玄鳥飛過她的頭頂，生下了一枚蛋，簡狄撿起來吃了鳥蛋。吃過鳥蛋之後，簡狄懷了身孕，十個月以後簡狄生了一個男孩，取名為契，由於契被殷人敬為先祖，也就是身為「飛鳥」的後代——人們便在中原繁衍開了。

　　遠古時，祖先們很有想像力，創造出了麒麟、鳳、龜和龍四瑞，就是四種至尊之神，這其中，鳳是最早也是被推崇得最多的神。鳳為什麼能成為古人最熱衷崇敬的神？原因在於鳳源自飛鳥。

　　有關飛鳥的神話有很多，比如金烏馱日，天上有九個太陽時，每天早晨，都會由九隻烏鴉馱著飛向天空照亮大地；再比如精衛填海，被大海吞噬的一位小公主變成名叫精衛的小鳥，為了報仇，精衛發誓要用石子填滿大海。這些民間傳說，除了精衛被確定為是個女的，其他典故中的飛鳥都是沒有性別的，但飛鳥千千萬萬，該崇敬哪種鳥呢？古人再一次發揮了想像，創造出了鳳。

　　關於鳳的最早的記載是《尚書·益稷》的「簫韶九成，鳳凰來儀」。大禹治水，群鳥歌舞。說到鳳凰，《山海經·南山經》定義為：「其形如鶴……自飲自食，自歌自舞，見則天下安寧。」這種形似仙鶴的神鳥很早就與帝王牽扯上了關係，為此《帝王世紀》中說：「帝嚳擊磬，鳳凰舒翼而舞。」帝嚳是中華民族開源之帝，這位偉大的帝王敲擊磬，鳳凰為之起舞。

　　關於鳳凰的由來，有學者認為，最早見於商代，甲骨文中的「風」即「鳳」，故而，鳳凰出自「風」，即風之神。

　　到了周代，金文《中鼎》銘辭有這樣的記載：「歸生鳳於王。」這則銘辭提到的「生鳳」，郭沫若先生認為指的就是「鳳凰」。

　　戰國時期以後，鳳凰被神化了。

　　《韓詩外傳》中說：「夫鳳象、鴻前鱗後，蛇頸而魚尾，龍文而龜身，燕頷而雞喙。戴德負仁、抱忠挾義。小音金，大音鼓。延頸奮翼，五彩備舉，鳴動八風，氣應時雨。食有質，飲有儀。往即文始，來即嘉成。唯鳳為能通天祉，應地靈，律五音，覽九德。天下有道，得鳳象之一，則

鳳過之，得鳳象之二，則鳳翔之，得鳳象之三，則鳳集之，得鳳象之四，則鳳春秋下之，得鳳象之五，則鳳沒身居之。」

後來，鳳被標榜成了德的象徵：戴德、負仁、報忠、挾義。對此，《抱樸子》解釋道：「夫木行為仁，為青。鳳頭上青，故曰戴仁也。金行為義，為白。鳳頸白，故曰纓義也。火行為禮，為赤。鳳嘴赤，故曰負禮也。水行為智，為黑，鳳胸黑，故曰尚知也。土行為信，為黃。鳳足下黃，故曰蹈信也。」

對於鳳的本領，古書裡說鳳的後背就像泰山，翅膀就像天上的白雲，振翅就可以飛到高空。古人描繪的鳳，大氣，雄渾，能耐超群，是難用雌性的陰柔來品評的，因此將鳳認作雄性似乎才更貼切。鳳，在人們心目中有著崇高品德。有人將孔子比作鳳，為什麼呢？《詩經》裡說孔子的祖先是殷人，所以，孔子就繼承了「鳳」的盛名。孔子被譽為鳳，以此看來，鳳肯定是雄性的。

甲骨文「鳳」。頭頂的部分是一頂王冠，鳳的確具備王者風範。

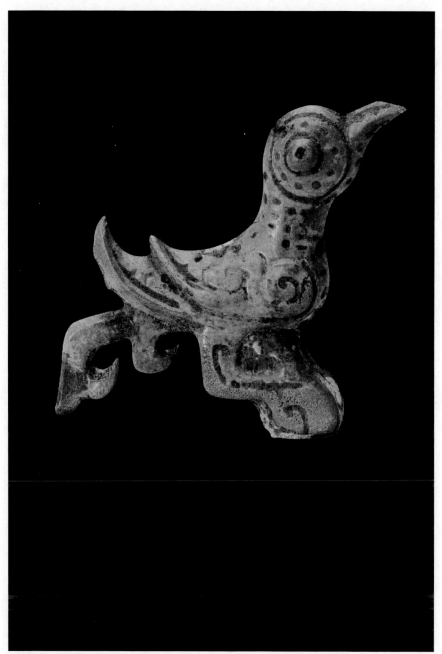

金沙銅立鳥。鳥喚起了遠古先民想像的空間,天上是古人可望而不可即的領域,因此,翱翔於天的鳥
更讓人羨慕、崇敬和神往。

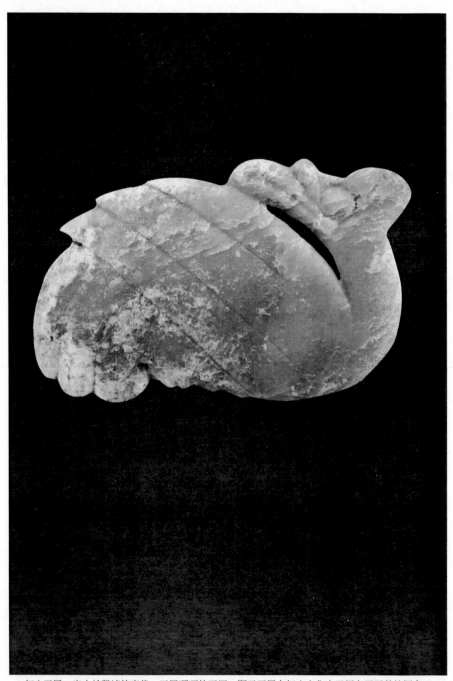

紅山玉鳳。出土於殷墟的商代。玉鳳頭頂的王冠，顯示了鳳在紅山文化中已經有了至尊的概念。

包括左圖中的玉鳳，頭戴王冠，三千多年前的商朝有資格佩戴王冠的都是男人，由此，我們是不是可以確定鳳就是雄性了呢？後來，為了將鳳的性別明確化，古人替鳳找了一個伴 —— 凰，古人做出了這樣的界定：鳳為雄，凰為雌，對此，《尚書新解》說：「雄曰鳳，雌曰皇。」

　　到了漢代，龍被皇帝獨占了。皇帝被稱作了龍，被尊為神，可皇帝的老婆如果還是人，神和人怎能婚配呢？這時，有個大臣想了一個好點子，將皇后稱作鳳，皇后便也有了神的衣鉢，皇帝當即接受了大臣的稟奏，將皇后命名為鳳。從此以後，皇后被稱作了鳳，鳳也就被做了「變性手術」，變成母的了。

　　自從漢代以後，龍是男，鳳是女被制度化地規定了下來。然而，兩千多年以後，有個人打破了這個戒律，這人就是在大清垂簾聽政了幾十年的慈禧太后。比如說，紫禁城太和殿前的石階就被慈禧欽定為鳳在上、龍在下。她的行為說明，不可一世的老佛爺也認為鳳是母的。

至尊「牛」

　　牛在古人心目中有著至尊已然的地位，無論是史前岩畫，還是三千年前的甲骨卜辭，甚至後世諸如《西遊記》等通俗讀物裡，牛都隨處可見。一萬年前，古人就創作了一幅岩畫 —— 一群羊像臣子一樣謙卑地圍攏在公牛的身邊。依靠狩獵和採集填飽肚子的古人很羨慕公牛的威猛，幻想著能像公牛那樣無所畏懼。

陰山岩畫。古人透過岩畫寄託自己的遐想，發揮自己的想像。

商代，牛常被用作祭祀時的犧牲，甲骨卜辭顯示，大的祭祀活動，甚至會宰殺數百頭牛。周代的時候，將牛、羊、豬稱作祭祀的太牢。《禮記‧王制》說：「祭天地之牛，角繭栗；宗廟之牛，角握；賓客之牛，角尺。」根據牛角的大小認定牛的年齡。

那麼牛在古人心目中究竟有多高的地位？

《說文解字》裡說：「牛，大牲也；牛，件也。件，事理也。」大牲，就是大牲畜。而以牛為「件」，《說文解字》中對「件」的解釋是：「件，分也。從人，從牛。牛，大物，故可分。」「件」本指分、分別。牛為「大件」，故可分解。後來，由「件」又衍生出了「計數物件」的概念，比如一頭牛被分解為二十塊，就是二十件，現在所說的零件、文件、配件的件就是這麼來的。

三千多年前，商代甲骨文「牛」，它是依照牛頭正面的象形造的字。

古滇國牛頭銅飾。以牛頭造「牛」，可見，牛在殷人的心目中是很有地位的。

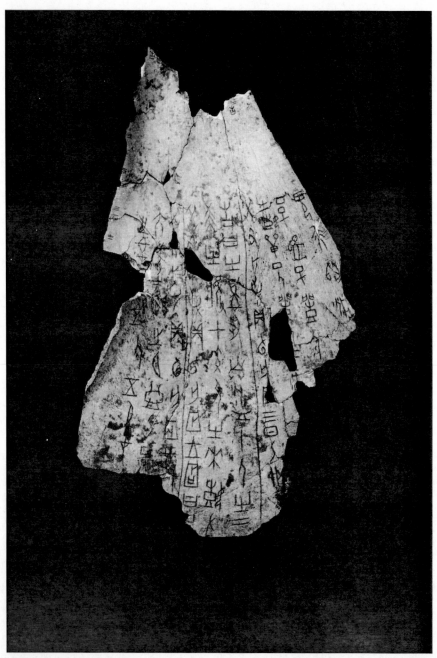

迄今發現最早的系統文字甲骨文，三千多年前商王朝借助牛的肩胛骨聆聽神的旨意。甲骨文就像神祕的天書，至今，絕大多數甲骨文仍舊沒能被破譯。

古滇國牛虎銅案。兩千多年前，古代滇國人鑄造的青銅牛，將其看作是力量、威武和神聖的象徵。同時，牛是最早與人相伴的動物之一，因為牛，耕作經歷了偉大的革命。

再來看看幾個和牛有關的字：牢、牲、犧、物。

牢，《說文解字》上說：「牢，閒，養牛馬圈也。」「牢」原本是專門圈養用作祭祀的牛、羊、豬的地方，後來，「牢」被引申為祭祀時的犧牲，比如商周時期，商王在祭祀的時候用「大牢」，諸侯在祭祀的時候用「小牢」。

牲，《說文解字》裡說：「牲，牛完全。」牲的本義是用作祭祀的全牛。

犧，《說文解字》說：「犧，宗廟之牲也。」「犧」是專供祭祀的，包括活人以及牛、馬、羊、狗、豬等活的動物。

前面我們提到過，祭祀與征戰是商王朝的立國之本，而牢、牲、犧等與牛有關的字都和祭祀有牽連。

物，《說文解字》上說：「物，萬物也。牛為大物，天地之數，起於牽牛，故從牛，勿聲。」這裡所說的「天地之數，起於牽牛」本義應該是牽牛的繩子拉直了以後剛好是個「一」字，關於「一」，古人有「一生二，二生三，三生萬物」的觀念，物為萬物，從牛，牛當然就是萬物之首了，既然牛為萬物之首，當然是要被崇敬的了。由此可見，牛在古人心目中的地位是至尊級的。

到了春秋戰國時期，牛一般不再被大卸八塊地獻給神靈了，人們發明了犁，由「犁」字可以直觀地感受到拉犁的是牛，牛成了耕作的生力軍。牛拉犁耕田比人翻地大大提高了生產效率。耕地面積擴大了，糧食種得多了，人的肚子吃飽了，孩子生得多了，兵源充足了，國家也就強盛了，諸侯間的戰爭便愈演愈烈了。烽煙四起、征戰頻繁，耕牛的數量成了決定戰事勝敗的重要因素，因此，各個諸侯國對養牛和用牛都十分重視，都做出了嚴格的法律規定。各諸侯國制定的法律條款都有相同的一條：任何人不得虐待或者隨意宰殺耕牛，如果誰違反了這條法律，不管這人的地位有多高，都要受到嚴懲，嚴重的還會掉腦袋呢。

在當時，各諸侯國都設有「牛人」的官銜，就是專門負責養牛的官員。牛官與婚官聯手，婚官負責為適齡青年頒發結婚證明，統計人口的出生情況，牛官負責根據這家人的人口狀況發放耕牛，監督這戶人家的耕牛使用以及耕地、播種和秋收的情況。一方面，婚官掌握人口基數，另一方面，牛官掌握經濟概況，國家的經濟命脈把持在了這兩個掌有實權的官員手裡，只要這兩個官員盡職盡責，國家就能強盛。

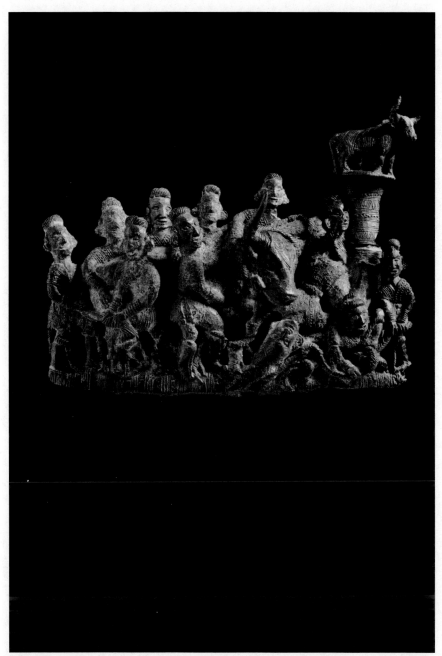

古滇國祭祀解牛。兩千多年前的滇人在將牛獻給神靈的時候，是要將牛分解為「件」的，待神靈「受用」完牛肉以後，每戶人家都會領回「一件」牛肉。

古滇國喂牛青銅器。古時候，通常情況下，牛要比一般的人尊貴，因為，牛最能創造價值。

牛在春秋戰國時期不但要耕田，必要的時候還得替國王拉車，因為戰亂，馬都被拉上了戰場，致使許多諸侯國國內拉車的馬驟減，就連國王都沒有拉車的馬，國王外出時只能屈尊坐牛車了。

　　遙想當年，如果沒有牛車，老子可能得步行出關，孔老夫子就不可能周遊列國，傳經送道、著書立說。牛車雖是遲緩，但孔聖人思想的傳播並不遲緩。如果沒有孔聖人的周遊列國，儒家學說就不可能風靡天下，如果儒家學說沒能風靡天下，當今的中華文化也就缺少根基、缺少了精髓。

　　從某種意義上說，是牛車催生了哲學體系。牛車和牛對中華文化生成與發展的貢獻是巨大的。反過來，中華文化因為融進了「牛」而變得豐富多彩了。另外，牛急了會用角頂人，而這個牛角的功能，在古人看來，用牛角做的杯子，或者將杯子做成牛角狀，就能檢出杯中有沒有毒物。

　　關於庖丁解牛這則原自《莊子》的故事，世人皆知，這其中的「解」字也帶個「牛」。「解」字的本義是什麼？《說文解字》上說：「解，判也，從刀判牛角。」以此說法，「解」的本義就是分解牛。

　　漢字裡由「牛」組成的字也有很多，比如「告」，《說文解字》裡對「告」的解釋是這樣的：「告，牛觸人，角著橫木，所以告人也。」告訴的「告」為什麼也要從牛？因為牛急了會頂人，為了防備萬一，人在牛角上綁一根橫木，使其不能再傷人。牛角上的橫木向不知情的人提示著：小心一點，這頭牛有頂人的毛病。

　　說到牛，在國外，牛得到的尊敬一點也不少。在印度，牛是神的坐騎，是可以隨意在馬路上行走的，連汽車都得躲著它們。馬達加斯加的別稱是「牛的王國」，這裡的人們對牛有著近乎狂熱的情感，牛頭被當作國家的象徵。

南越王牛角杯。這只杯子由一塊整玉雕琢而成，不管它當時起造成過驗毒的功能，當今，它是一件國寶。

古代時期，先人們認定銅牛可以鎮水，具有防治水患的作用。所以大禹治水的故事裡，牛也是重要角色。相傳，大禹治水能成功，也是多虧了神牛抵住了群山，才使得長江三峽水道得以暢通，後來，這頭牛化作了三峽旁邊的黃牛山。

甲骨文「解」。它的象形就是一個人在肢解一隻牛，將牛大卸八塊，叫作解。

另一個故事是，相傳，因建造頤和園打亂了京城水道，於是，乾隆皇帝命人在崑崙湖畔擺放了一尊銅牛。但是老牛不甘寂寞，到了「七月七」，牛郎織女相會的日子，銅牛就會渡到湖對面背著織女去會牛郎，而且是一去不復返。乾隆知道了這件事以後，叫人又鑄了一尊銅牛，可是，到了第二年的「七月七」，銅牛又站起身離開了，眾人見狀，一邊拉著牛尾巴一邊將銅牛五花大綁。銅牛終於沒跑成，但是尾巴卻被拉斷了，人們只好找來工具將牛尾巴接上。

唐詩〈生春〉「鞭牛縣門外，爭土蓋春蠶。」古時迎春稱為鞭土牛，此風俗在《周禮·月令》中有記載：「出土牛以送寒氣。」唐宋時期，這一風俗最為興盛，宋仁宗時甚至頒布了《土牛經》，鞭土成為民俗文化的重要形式。幫牛穿鼻孔堪稱是一項「偉大」的發明，甲骨文在「牛」字下面加一橫，亦即以木、竹穿過牛鼻，對此，《莊子·秋水篇》有「落馬首，穿牛鼻，是謂人」的記述。漢代的畫像亦是多見牛被穿鼻的形象。

至尊「牛」究其本因，早先，牛被人獵取，是古人飽腹的獵物；新石器時代，牛被圈養，是食物短缺季節救命的吃食；商代，牛為「大牢」，是侍奉神靈的重要貢品；春秋時期之後，都是以牛為耕。所以牛關乎國之存亡。

鬼長什麼樣？

平日裡，許多人都會因做錯了事而發出「見鬼了」的感慨，但是，真要是問他，見到的鬼是什麼模樣？聲稱「見鬼了」的人肯定會說「不知道」，見到了鬼卻不知道鬼長什麼樣，做錯了事幹嘛還偏要往鬼身上推呢？

金沙金面具。三千多年前，生活在現今成都金沙的古代先人將純金的面具戴在偶人臉上，金沙古人相信，鬼就是這副模樣的。

說實話，我也不知道鬼長什麼樣。曾經有個學生問最善畫馬的大師徐悲鴻，天底下什麼東西最好畫？徐大師未加思索：「鬼！」徐大師說：「因為你沒有見過鬼，我也沒有見過鬼，誰都沒有見過鬼，所以，你大可盡情地發揮想像，想怎麼畫就怎麼畫，將鬼畫成什麼樣全由你自己說了算。」

徐悲鴻沒見過鬼，不過，比徐悲鴻早了好幾百年的另一位大師卻號稱見過鬼，而且見過各式各樣的鬼，這人就是蒲松齡！那部迷倒了無數讀者的《聊齋志異》看過吧？如果蒲大師沒有見過鬼，怎麼可能刻劃出那麼多栩栩如生的鬼呢？實際上，蒲大師寫鬼，是對前人的繼承，因為早在蒲松齡之前，鬼就被定義上了五花八門的烙印。

來看看這個甲骨文「鬼」字，大腦袋，小身子，既滑稽又憨厚。殷人造「鬼」的過程令今人生疑，商人當真見過鬼嗎？至於說鬼從何而來？《說文解字》裡講得很透澈：「鬼，歸也。」人死了，入土了，重歸大地。「鬼」字下面的甲骨文「醜」字，從字形上看，也是令人忍俊不禁，將酒具放在鬼的身旁，就會意成了「醜」字！

在古代，鬼觀念是非常盛行的。孔夫子曾經說過：「殷人尊神，率民以事鬼。」殷人指的是三千多年前商王朝的人，「殷人事鬼」是件既莊重又繁複、在現代人看來十分恐怖的事情，就像書中前面章節中大家看到的那幅「殷墟祭祀坑圖」一樣。即便是到了宋代，民間仍舊有殺人「事鬼」的習俗。「尊神」而「事鬼」，說明商王朝時期神和鬼是同類，鬼是沒有壞名聲的。

「祭」當為祭祀祖先，鬼就是祖先了，既然鬼為祖先，鬼的名聲就不會是壞的，所以由「鬼」作為偏旁組成的字表示褒義的很多，比如「傀」，表義為魁梧；「瑰」，美石；「魁」，首領；「巍」，高大等等。

中原人熱衷「事鬼」，周邊的少數民族更是將「鬼」推崇到了極致。比如景頗族信奉的鬼有天鬼、地鬼、日鬼、月鬼、山鬼、火鬼、水鬼、風鬼、雷鬼、房鬼、寨鬼等一百多種鬼，鬼在景頗人的生活中是無處不在。

甲骨文「鬼」。「殷人事鬼」就是祭奠鬼，殷人為什麼要祭奠鬼？原因很簡單——期望得到鬼的護佑。

甲骨文「醜」。酒具＋鬼＝醜，或許，殷人是在喝得半醉的時候造的這個醜字。

甲骨文「祀」。每逢祭祀，殷人幾乎都要宰殺活人和牲畜，謂作「犧牲」，現代漢語裡的「犧牲」一詞就是這麼來的。

　　戰國時期的偉大愛國詩人屈原曾寫過一首叫作〈山鬼〉的詩。詩中描繪的「山鬼」，面如桃花，含情脈脈，且帶著微笑。對於屈原筆下的鬼，郭沫若先生推斷：山鬼乃失戀之女神！女神也能失戀？可見，即便如屈原這樣的偉人，心目中的鬼情節也是很濃重的。

　　古時，人們一直信奉「人死後變成鬼」的說法，後來，統治者將這一信條標註上了階級的烙印，只要這個人生前屬於王公貴族，死後照樣會被尊為鬼神的，至於平民與奴隸，只要肯全心全意地效忠權貴，死後也會在另一個世界裡得到嘉獎。陰曹地府的制度絕對是陽間官府的複製，窮苦的百姓被強加上了沉重的精神枷鎖，因為懼怕死後再遭禍殃，老百姓便越發地溫順了。

　　鬼長什麼樣？蒲松齡筆下的鬼，要麼驚世駭俗，要麼閉月羞花，再有就是相貌堂堂、無所不能，倘若鬼當真如蒲老爺子描寫的那般能耐，世間恐怕再沒人願做人了 —— 整日爾虞我詐、油鹽醬醋、含辛茹苦，倒不如做個風流倜儻、專事戀愛的鬼來得瀟灑，如果真是這樣的話，鬼生活的另一個世界非得亂了章法了。

南越國大墓。這座冥宮是南越國第二代王陽間住宅的微縮，墓主人在這裡開始了「新的生活」。

　　我們再來看個成語：魑魅魍魎，一個四字成語竟然招惹上了四個鬼。據說，魍魎也叫夔。三千多年前，商代青銅器上的夔紋，就是傳說中的夔，您注意到了吧，夔只有一條腿。關於夔為什麼會是一條腿？相傳，這件事跟大禹有關。夔原本是大禹的臣子，正直忠誠，精明能幹，有一次，大禹感慨道：「夔一足矣。」大禹的意思是：有夔這樣一個能幹的臣子就足夠了，可是，劊子手理解錯了，立刻將夔拖出去砍掉了一條腿，從此以後，夔就只有一條腿了。

　　既然殷人造字大多採用臨摹，那麼，殷人會不會是在見到了鬼以後才造的鬼

字呢？前面我們看過了甲骨文的「鬼」的樣子，難道說殷人見到的就是那般大腦袋、小身子的鬼？我覺得經常接受殷人祭奠的鬼們，似乎不應該是這等憨頭憨腦的萌蠢笨樣吧，或許，殷人也沒有見過鬼，只是憑著想像臆造出來的「鬼」。

我們再從古代文獻裡找找線索。《淮南子》裡說：「夫鬼神，視之無形，聽之無聲。」意思是說鬼看不見，聽不著，這其實說了就跟沒說一樣。

南朝的《殷藝小說》中說：「顏淵、子路共坐於門，有鬼魅求見孔子，其目若日，其形甚偉。子路失魄口噤，顏淵乃納履拔劍而前，握其腰，於是化為蛇，遂斬之。」像古籍中說的鬼可以是身材高大、目光炯炯，如此偉岸的鬼如果混跡在當今的人堆裡，肯定會招致異性失魂落魄的，不過，這麼標緻的鬼卻弱不禁風，只一劍，就化作了蛇，被顏淵宰了。

充斥在華夏文化中的鬼，有善有惡。善鬼可以保人平安、確保陽間的五穀豐登，六畜興旺，為了確保鬼的歸所——陰曹地府的長治久安，先人們編撰出了鬼界的最高行政長官——閻王爺。相傳，閻王爺手裡有一本帳冊，所有人的陽壽都事先被上天規劃好了，在帳冊上寫得清清楚楚，哪個人的陽壽到了，閻王爺大筆一揮，小鬼們就奉命跑到陽間，用大鎖鏈子往陽壽到期的人的脖子上一套，不由分說，拉到陰曹地府去，這個人就算活到頭了。陰曹地府裡還有一個在陽間的頗有知名度的鬼——鍾馗。前文我們提到過，此人因長得醜陋，在陽間頻遭譏諷，一怒之下持劍抹了脖子。下到陰間以後，閻王爺用鬼不疑，念鍾馗忠厚秉直，便將他封作抓鬼的捕快。據說，鍾馗這個鬼官疾惡如仇，哪個鬼做了壞事，（當然是跑到陽間做壞事），一旦被鍾馗知道，鍾馗便會嚴懲犯壞的鬼，不過，鍾馗本事再大，對活在陽間的人卻是束手無策，究其原因，掌控著陽間話語權的人由不得鍾馗插手陽間事，於是，鍾馗的權限被劃定了。如此，普通百姓期望借助鍾馗整治貪官的念想被打消了，只能忍氣吞聲苟且地活著，就此，社會也就「安定」了。

前面說了，徐悲鴻大師斷言天底下最好畫的就是鬼，畫鬼易，寫鬼亦是如此，但凡有鬼加入，這部文學作品再怎麼離奇也不為過，比如《西遊記》，充斥著各種鬼話，鬼事連篇，可即便如此，讀者並未覺得不妥。山地民族心目中的好鬼，就有會打鐵的，會種莊稼的，會幫助女人生孩子的。惡鬼呢？呼風喚雨，

禍害鄉里，災害民眾，這其中最出名的就屬祟了。據說，過年的時候，給孩子的壓歲錢就是為了驅趕祟。鬼在中華文化中的地位，於成語中便可略見：鬼使神差、鬼斧神工、神出鬼沒、鬼哭狼嚎，鬼迷心竅等；成語裡的「鬼」多，俗語裡的「鬼」也不少，比如：鬼點子、鬼把戲、鬼門關、鬼剃頭、窮鬼、惡鬼、老鬼等。

　　至於剛才提出的問題，鬼長什麼樣？說來說去，反而更沒結論了。實際上，沒結論也是一種結論，如同徐悲鴻的那句「世上唯有鬼最好畫」說的那樣，鬼長什麼樣？您說了算！這就是本文的結論。

後記

　　說來，怎麼也有二十年了，我一直想寫些普通人（考古界之外的人）能看得懂、並且樂意讀下去的東西，當下，出版社給了機會，我不勝感激。再有就是，自覺要說的事太多了，真希望還能有這樣的天賜良機。

　　寫通俗考古的稿子源自二十多年前的一件事。一天，一幫外地官員來考古所的工作站參觀交流，主管讓我陪著他們。我們進了展廳，有的官員就反覆問：「這件東西值多少錢？」「那件東西值多少錢？」對官員的發問，我心裡相當反感，怎麼只會問文物值多少錢，而不問文化價值呢？這件事過去了一段時間以後，我想明白了，不能怪這位官員「無知」，這麼說吧，由於歷史知識的淺薄，考古界之外的人對文物的理解通常只能停留在「值多少錢上」，這一點，嚴格地說是考古人的「失職」。

　　還有一件事對我觸動很大。有一次我路過一處建築工地，正好碰到工地午休，工地門口坐著一個二十多歲的工人。他手裡捧著厚厚的書，我走近他時，下意識地瞥了一眼他手裡的書，竟然是《史記》，我問他看得懂嗎？他說至少能懂一半，我又問：「怎麼看起這種枯燥的書呢？」他說：「喜歡。」看來不是老百姓不想獲取歷史知識，而是……

　　關於考古人的「失職」，很大程度上是僵化的管理體制所決定的，以往（當今亦是主流），我們花著納稅人的錢，發掘墓葬、遺址，工作完成後，多半是許多年以後，刊印出幾本厚厚的考古報告，這類報告，能夠看得懂、肯耐心看的人少得可憐。很多情況是考古人獨占發掘成果，原本的公共資源被考古人獨享了，這一點，不從根本上解決、不改變僵化的管理體制，就根本做不到考古為大眾服務。知曉最新發掘成果是民眾的權利，考古人必須脫去自封高雅的外套，撰寫考古報告，科普文章也應在考核的範疇裡，唯如此，才能真正做到考古的大眾普及。

　　因為有了「公眾考古學」，公眾的參與，雖說並不意味著所有發掘項目都可以有公眾親歷，但對話古人，不去發掘現場照樣可以進行，關鍵看您怎樣發揮自己的興趣了。

二〇一九年十二月二十三日甘肅省祁連鎮

與古人對話：

人類開始吃鹽、出土最古老胸罩、性器官崇拜、雞狗豬牛地位變化……從古代飲食文化到飾品審美、祭祀習俗的全圖解！

作　　者：黃大路

發 行 人：黃振庭

出 版 者：崧燁文化事業有限公司

發 行 者：崧燁文化事業有限公司

E-mail：sonbookservice@gmail.com

粉 絲 頁：https://www.facebook.com/
　　　　　sonbookss/

網　　址：https://sonbook.net/

地　　址：台北市中正區重慶南路一段六十一號八
　　　　　樓 815 室

Rm. 815, 8F., No.61, Sec. 1, Chongqing S. Rd.,
Zhongzheng Dist., Taipei City 100, Taiwan

電　　話：(02)2370-3310

傳　　真：(02)2388-1990

印　　刷：京峯數位服務有限公司

律師顧問：廣華律師事務所 張珮琦律師

定　　價：375 元

發行日期：2023 年 07 月第一版

◎本書以 POD 印製

國家圖書館出版品預行編目資料

與古人對話：人類開始吃鹽、出土
最古老胸罩、性器官崇拜、雞狗豬
牛地位變化……從古代飲食文化到
飾品審美、祭祀習俗的全圖解！ /
黃大路著 . -- 第一版 . -- 臺北市 :
崧燁文化事業有限公司 , 2023.07
　面；　公分
POD 版
ISBN 978-626-357-436-6(平裝)
1.CST: 考古遺址 2.CST: 中國文化
3.CST: 生活史 4.CST: 中國
797.8　　112008644

電子書購買

臉書